文化发展学术文丛

文化产业园区生命周期研究

——基于中韩园区的对比

CULTURAL INDUSTRIES CLUSTERS RESEARCH
IN THE PERSPECTIVE
OF LIFE CIRCLE THEORY

杨剑飞 著

社会科学文献出版社
SOCIAL SCIENCES ACADEMIC PRESS (CHINA)

总　序

　　用文化传达积极的精神信念，给人以希望和动力，用文化改革释放发展红利，洋溢着温暖和勇气。在文化创新不断推动经济发展换挡升级的时代历程中，中国传媒大学文化发展研究院紧扣时代发展脉搏，从立足文化产业现实问题到搭建文化领域学术研究、人才培养和社会服务的综合学术平台，以"大文化"为发展理念，设计学科架构、搭建文化智库、打造学术重镇，在十年的发展进程中，一直致力于探索构建充满活力、富有效率、更加开放的学科群。

　　"文化发展学术文丛"正是中国传媒大学文化发展研究院十年来对学科建设、理论建构、智库发展和人才培养等专业问题不断探索的阶段性总结。它既折射着我们打造立体学术平台做出的努力，也见证着我们提升国际学术话语权、构建国家文化发展理论体系的情怀；它既反映了我们作为一支年轻研究团队怀揣的学术梦想，也彰显出我们立足严谨，向构建一流学科体系不断前进的初心与恒心。

　　文化是一条源自历史、流向未来的丰沛河流，经济社会发展需要它的润泽。文化的强大功能，铸造了"文化＋"崭新的发展形态。正因为"文化＋"是文化要素与经济社会各领域更广范围、更深程度、更高层次的融合创新，是推动业态裂变，实现结构优化，提升产业发展内涵的生命力，"文化发展学术文丛"以"文化＋"为出发点，以文化内容融合式创新为研究主题，研究发轫于文化但又不囿于文化本身，它既包括全球视野下的比较研究，也包括文化创新领域的理论前沿；既聚焦文化建设的顶层设计，也关注不同行业领域现实问题的具体研究。可以说，打破传统的思维模式，不断增强文化认知的"大融合思维"，既是"文化发展学术文丛"的主要特点，也深刻反映了未来十年文化发展的趋势。

随着我国文化发展的学科建设渐成体系、理论研究不断完善、人才培养步入新境，未来十年，将有更多的文化理论经典和文化研究著述出现，它们将更好地以理论创新引导实践前行，在支撑国家文化创新驱动发展战略、服务区域文化经济转型升级、促进文化改革内涵式发展等方面汇聚力量，彰显价值，为文化强国建设注入源源不断的精神力量。

是为序。

中国传媒大学文化发展研究院院长、博士生导师

范　周

2016 年 4 月

自　序

党的十七届六中全会以来，在国家全力推进文化大发展大繁荣的历史背景下，文化产业园区如雨后春笋般在各地快速发展，成为区域文化产业发展的重要抓手和载体，有力地推动了我国文化产业的深入发展。

笔者从2007年开始对文化产业领域进行研究，尤其是2011年以来，一直在关注文化产业园区的发展。在研究过程中，走访考察了北京、上海、广州、深圳、西安等地的多个知名文化产业园区，对文化产业园区的发展掌握了第一手的资料。同时，利用各种国际学术交流的机会，也重点考察了纽约百老汇、伦敦传媒产业集聚区、德国鲁尔工业区、澳大利亚布里斯班创意产业园区、巴黎塞纳河左岸、韩国坡州Heyri艺术村等多个国际知名文化产业园区。

在关注和研究中笔者深深地体会到，文化产业园区就是一个生命体，它有表情，有体温，也有思想，它也存在着自身的发展路线和轨迹，有着自身的发展规律。有些园区已经融入当地乃至全球人的生活中，被誉为"一辈子不能不去的地方"，既实现了文化产业的快速发展，也给人们的文化生活提供了乐园，譬如迪士尼乐园；有些园区着力打造特色产业与特色人才的集聚地，成为艺术家们自由创作与发展的好去处，譬如韩国坡州Heyri艺术村；也有些园区为行业发展打造了权威典范，只有进入其中的演出才能扬名国际，譬如百老汇；也有些园区化腐朽为神奇，将废弃的老工厂创意改造成为人人向往的美的天地，实现了传统老工业区的文化升值……

在这些鲜活的案例下，我们看到的是文化产业园区的勃勃生机和可持续发展的不竭动力。考察这些园区，不论是园区建设、运营模式，还是创意研发等，都有一种文化的力量在推动着它们不断前行，经过10年、20年、30年，仍在不断发展。

而这，也是本书要重点研究的问题：为什么这些知名园区能够"永葆青春"，而我们国内的园区却"早夭成风"？

根据笔者多年来的观察，不少文化产业园区并未朝着规划的方向发展，而是早早地衰落或转变为一般的商业区，失去了"文化的初衷"。因此，研究文化产业园区的发展规律和趋势，延长园区发展的生命周期，推动文化产业园区可持续发展是目前文化产业园区建设的核心问题。

本书以产业集群生命周期理论为主要切入点，以我国北京798艺术产业区（以下简称北京798艺术区）和韩国坡州Heyri艺术村（以下简称坡州Heyri艺术村）的案例对比为基础，通过"基础理论——文化产业园区生命周期分析——北京798艺术区和坡州Heyri艺术村的对比研究——优化策略分析——可持续发展思考"的研究路径，以期提出我国文化产业园区转型升级的优化策略和方向。

第一章主要介绍了研究的背景与选题、研究方法和研究意义；同时，对当前文化产业园区发展态势做了简要分析，并界定了本研究所采用的核心概念。

第二章着重分析产业集群的基础概念，并结合文化产业的发展特点，将文化产业园区划分为形成期—成长期—成熟期—停滞期—衰蜕期的生命周期过程。通过各个阶段的特性研究，对文化产业园区的生命周期及其发展趋势进行了分析，认为以"创意"为核心的文化产业在成熟期后会出现衰落、转型和创新循环三条路径。

第三章对我国北京798艺术区的现状和发展历程进行了研究。通过对比文化产业园区生命周期的阶段性特征，判断北京798艺术区已经进入了停滞期。同时，集合园区内产业发展态势，对驱动北京798艺术区生命周期发展的若干因素进行了分析，重点关注了经济环境、政府作用和艺术主体三大核心因素。

第四章在梳理坡州Heyri艺术村的空间布局和产业结构的基础上，通过对比文化产业园区生命周期的阶段性特征，得出坡州Heyri艺术村依然处于成长期的判断。同时，从内外两个维度深入分析了坡州Heyri艺术村生命周期演进的驱动因素。

第五章全面对比北京798艺术区和坡州Heyri艺术村的发展轨迹，从影响生命周期的内生性和外生性因素出发探讨两个园区的发展异同，着重从顶层设计、产业结构、经营模式、入驻人群、政策效应、区域环境等方面进行对比研究。同时对北京798艺术区和坡州Heyri艺术村的发展趋向做出了一定的预测。

在前面研究的基础上，第六章提炼性地从园区规划、产业结构、园区空间、园区治理、产业功能等角度提出了我国文化产业园区创新发展的优化策略，从而为我国文化产业园区延长生命周期，提高生命质量提供了一定的理论借鉴。

第七章围绕园区的优化策略，从可持续发展的制度保障以及可持续发展的趋势等方面分析了文化产业园区可持续发展所需要的制度支撑和前沿路径。

总而言之，笔者力图通过对中外两个发展时间相当但是生命周期完全不同的著名文化产业园区的对比，为处于产业转型中的中国文化产业园区的提质增效升级和可持续发展提供借鉴。

另外，在产业集群生命周期理论的指导下，对文化产业园区在顶层设计、产业结构、融合发展、产城互动等方面进行正确引导，使得文化产业园区的集群优势得到充分发挥，推动中国文化产业健康快速发展，也是本研究的目的之一。

当然，鉴于学识和经验的有限，研究还存在很多不足，还需要进一步深化，这也是鼓励和推动笔者继续深入研究文化产业园区的重要动力。

期望本书能为文化产业园区的研究增砖添瓦。

杨剑飞 博士
中国传媒大学文化发展研究院

目　录

第一章　绪论 …………………………………………………… 1
　引　言 ………………………………………………………… 1
　第一节　研究背景和问题的提出 …………………………… 3
　第二节　研究目的 …………………………………………… 8
　第三节　研究意义 …………………………………………… 9
　第四节　概念界定 …………………………………………… 12
　第五节　研究内容和方法 …………………………………… 19
　第六节　创新点与难点 ……………………………………… 21

第二章　文化产业园区生命周期的理论研究 ………………… 23
　第一节　产业集群生命周期的基础理论 …………………… 23
　第二节　文化产业园区生命周期分析 ……………………… 35

第三章　北京798艺术区生命周期研究 ……………………… 47
　第一节　北京798艺术区生命周期各阶段分析 …………… 47
　第二节　北京798艺术区生命周期演进驱动因素分析 …… 59
　结　论 ………………………………………………………… 70

第四章　坡州Heyri艺术村生命周期研究 …………………… 71
　第一节　坡州Heyri艺术村的发展现状 …………………… 71
　第二节　坡州Heyri艺术村生命周期各阶段分析 ………… 78
　第三节　坡州Heyri艺术村生命周期演进驱动因素分析 … 83
　总　结 ………………………………………………………… 88

第五章 北京798艺术区与坡州Heyri艺术村生命周期风险因素比较及其发展趋势 …… 89

第一节 北京798艺术区与坡州Heyri艺术村生命周期影响因素比较 …… 89

第二节 北京798艺术区与坡州Heyri艺术村发展的趋向判断 …… 103

总　结 …… 109

第六章 我国文化产业园区优化策略研究 …… 111

第一节 规划优化策略 …… 111

第二节 产业结构优化策略 …… 115

第三节 空间优化策略 …… 119

第四节 治理优化策略 …… 124

第五节 功能优化策略 …… 128

总　结 …… 132

第七章 对"十三五"我国文化产业园区发展的思考 …… 134

第一节 文化产业园区可持续发展的保障机制 …… 135

第二节 文化产业园区可持续发展的趋势 …… 139

总　结 …… 146

结　论 …… 147

参考文献 …… 152

图表附录 …… 159

后　记 …… 161

第一章　绪论

引　言

　　世界范围内，随着文化产业的迅速扩张与发展，文化产业园区或文化产业集群建设得到了长足发展。"文化产业园区建设和集群发展"日益成为国际文化产业研究的重要课题。

　　从国际文化产业发展的经验来看，文化产业集聚从自发状态，逐渐走向政府引导。各国政府纷纷制定文化产业集聚政策，创建文化产业园区（集群），以带动所在地区文化经济的组团发展，不断促进文化创新和区域文化竞争力的提升。实践证明：文化产业园区的建设有力地促进了当地经济结构转型和文化的可持续发展，已经成为世界许多城市发展文化产业的主要措施。

　　对于中国而言，文化产业是一种新兴产业，发展潜力巨大。文化产业园区建设和产业集群的作用日益得到从中央到地方各级政府的广泛认可。实践中，随着我国文化产业集聚效应的显现和对地方经济的拉动作用，文化产业园区建设已经成为各级政府发展文化产业所采取的常规措施。

　　从发展历史来看，"十一五"到"十二五"十年间，文化产业园区建设逐渐进入快车道。发展初期，各个园区为了集聚企业，形成自身产业集群，通过大量优惠政策吸引企业入驻，形成了"候鸟现象"——这一现象清晰地记录了当时许多动漫企业多次搬迁进入不同文化产业园区只是为了获得优惠政策的投机心理。这一现象在苏锡常地区表现得尤为突出：一些动漫企业入驻文化产业园区只为享受优惠政策，优惠期满后又转入下一个园区继续获得新一轮的优惠扶持。这在一定程度上干扰了市场秩序，影响了当地动漫产业的正常发展。而这些园区在最初繁华了几年后很快衰落或者关闭。

当然，也有不少成功的园区声名鹊起。比如著名的北京798艺术区、上海田子坊、杭州之江文化创意园、西安曲江新区等文化产业园区。它们充分利用各自的特色空间来发展文化产业。这些著名的文化产业园区集聚特色文化产业的同时，有效地带动了本地经济的发展，同时也塑造了城市文化品牌，成为各地争相仿效的焦点。

目前我国大多数文化产业园区都存在发展后劲不足的现象。由于国家鼓励文化产业园区（集群）发展，各地文化产业园区（集群）的建设如火如荼。然而，在新的文化产业园区不断出现的时候，回顾这些发展已久的文化产业园区（集群），却发现许多园区并没有充分发挥自身的经济社会文化功能，在政策刺激下经历过短暂的繁华期后，较快地进入了衰落期。譬如，北京798艺术区从21世纪前几年的叱咤风云，到目前的尴尬境地，令人唏嘘。曾经红火一时的动漫产业园区目前成功存在的也为数不多。当然，这只是一些特殊案例。但是就整体而言，经历了早期的政府扶持之后，多数园区的成长不尽如人意。在发展历程中，或是园区规划脱离了当地文化产业发展实际，或是没有形成有效的商业盈利模式而早早衰落，或是产业集群内部缺乏交流合作，园区集聚效应得不到有效发挥，等等。

反观国际知名的文化产业园区，尽管其空间规模不一定很大，但是多数园区的发展周期尤其是进入成长期后的运营时间明显比我国园区要长。譬如百老汇戏剧产业集群，它在历经100多年的发展后依然吸引着全球的目光，成为国际戏剧业的风向标。

就亚洲文化产业发展而言，韩国与我国拥有同宗的文化，文化产业也是类似的政府主导型，文化产业园区也都是政府发展文化产业的重点领域。以坡州Heyri艺术村为例，从1997年的规划建设到现在，其文化艺术产业发展平稳，经济效益突出，集聚的艺术产业始终在一个可持续发展的轨道上平稳运行。相比之下，北京798艺术区的发展曲线，经过2007～2008年的高潮后，整个产业的发展态势就进入了低迷状态，主导的艺术产业逐渐被一般的商业活动所干扰甚至淹没。

因此，本书拟以产业集群生命周期的视角，选取中韩文化产业集群中的典型代表北京798艺术区和坡州Heyri艺术村进行对比研究，通过各自生命周期曲线的描绘，探求各自发展过程中的影响因素，从而为我国文化产业园区（集群）发展探索可持续发展的路径。

第一节 研究背景和问题的提出

一 研究背景

（一）文化体制改革深入推进

文化体制改革是我国推进中国特色社会主义"五位一体"之"文化建设"的重要任务，是"全面深化改革"的重要组成部分，也是全面实现小康社会总体目标的重要内容。十八届三中全会《决定》对推进文化体制机制创新做出新的重大战略部署，鲜明提出要建设社会主义文化强国，增强国家文化软实力。文化产业是社会主义文化强国建设的重要组成部分。改革开放特别是2003年以来，在党中央、国务院的科学统筹、全面把握和正确领导下，文化体制改革由点到面、逐步推开。经过十多年的发展，文化体制改革取得重大突破和阶段性成果，有力地释放了文化生产力。中央确定的文化体制改革阶段性任务基本完成，公共文化服务体系框架初步建立，文化产业规模不断扩大，实力不断增强。"十三五"时期，文化体制改革还要不断地深入下去，要进一步地调整文化领域的生产关系，解放文化生产力。在这一过程中，文化产业园区（集群）如何更好更快地发展也成为各地政府及文化部门思考的重要问题。

（二）文化产业发展迅猛

作为知识密集型产业，全球文化产业创造的财富已大大超过制造业。文化产业被认为是21世纪的朝阳产业，已经成为世界经济发展的新型动力和国家竞合的重要领域。根据韩国文化产业振兴院统计，2013~2017年，全球文化产业的市场规模有望以年均5.7%的平均速度实现持续增长。估计到2017年，世界文化产业市场规模有望达到2.863万亿美元。其中，亚洲和太平洋地区占28.6%的市场份额，欧洲、中东及非洲占到30.2%，北美地区占34.5%，中南美洲的市场份额明显偏低，仅占6.7%，但该市场的增长速度明显快于其他地区，年平均增长率达到10.1%。[①]

党的十七大明确提出了文化大发展大繁荣的历史任务之后，《文化产业振兴规划》《文化产业倍增计划》等一系列文件相继出台。随着"推动文化产业成为国民经济支柱性产业"和"社会主义文化强国"战略的提出，我国文化产业发展迎来了黄金时代，各地纷纷调整国民经济发展规划，将文化产业作为重要领域纳入其发展进程。尤其是随着文化体制改革的深入推进，《国务院办公厅关于推进文化创意和设计与其他产业融合发展的若干意见》的出台进一步推动了文化产业的发展。"十三五"末，我国要基本实现小康社会总体目标，要求文化产业也要相应地实现国民经济支柱性产业的目标。在此大背景下研究文化产业园区（集群）的发展具有极强的实践意义。

（三）文化产业集聚趋势明显

空间集聚是文化产业发展的重要特征。"集聚"，不是单纯的同类企业的聚合，而是强调产业链的延伸。它是指在一个特定区域的特别产业领域内，集聚着一组相互关联的企业、供应商、关联产业与专门化的制度和协会，通过这种区域集聚形成有效的市场竞争，构建出专业化生产要素的集聚洼地，使企业共享区域公共设施、市场环境和外部经济资源，降低信息交流和物流成本，形成区域集聚效应、规模效应、外部效应和区域竞争力。从当前我国城市文化建设的大量实践来看，从国家到县乡，在文化产业发展方面，各级政府高度重视空间集聚的特性，积极推动各类文化产业园区（集群）的开发与建设，并将其视为发展文化产业的重要手段。近十年来的发展经验表明，文化产业园区（集群）已经成为区域文化建设的重要载体和推动区域文化经济发展的重要抓手。在北京、上海等文化产业发展较好区域的影响和带动下，其他城市依据自身文化优势和产业基础，纷纷开建各类特色文化产业园区。根据相关统计，截止到2012年4月21日，我国已建成文化产业园区共计1216个，分为三个阶梯：东部地

[①]《全球文化产业市场规模预测表》，《中国文化报》2013年12月1日，http://www.ce.cn/culture/gd/201312/19/t20131219_1949811.shtml。

区的广东、上海、江苏位列前三名,与浙江、山东、北京、安徽进入第一梯队,其园区数量均超过了 50 个,其中广东和上海的文化产业园区超过 100 个(见图 1-1);第二梯队为河南、福建、河北、湖南、四川等省市,其园区数量均超过 30 个,而其他省份园区数量则少于 30 个。[1] 而全国各区县建设的园区、民营企业建设的园区等,就不计其数了。

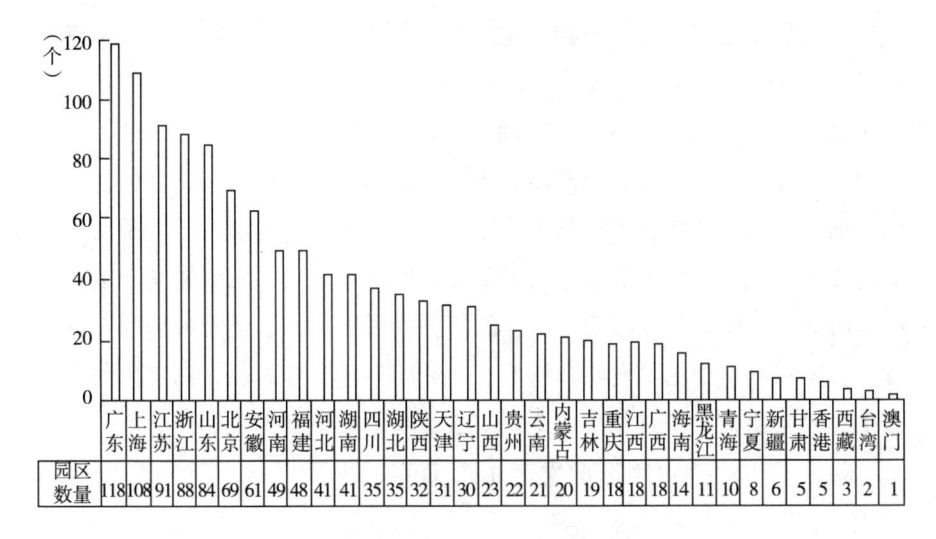

省市	广东	上海	江苏	浙江	山东	北京	安徽	河南	福建	河北	湖南	四川	湖北	陕西	天津	辽宁	山西	贵州	云南	内蒙古	吉林	重庆	江西	广西	海南	黑龙江	青海	宁夏	新疆	甘肃	香港	西藏	台湾	澳门
园区数量	118	108	91	88	84	69	61	49	48	41	41	35	35	32	31	30	23	22	21	20	19	18	18	18	14	11	10	8	6	5	5	3	2	1

图 1-1 全国各省市文化产业园区数目一览

注:根据中国文化创意产业网 2012 年 4 月相关统计制作。

以北京为例。"十一五"时期,北京市先后认定了 30 个市级文化创意产业集聚区。区级集聚区和自发形成的新兴特色文化街区,总数在 120 多个。[2] 2014 年,北京市编制完成了全国首个省级文化产业空间布局规划《北京市文化创意产业功能区建设规划(2014~2020 年)》,首次明确提出了全市文化创意产业错位发展的策略。根据此规划,到 2020 年,北京将在全市规划建设 20 个文化创意产业功能区,形成特色化、差异化、集群化的发展态势,以此推动文化创意产业的快速发展,促进文化资源的综合多样利用,形成可持续发展的文化创意产业格局。

---

[1] 《2012 全国各省市文化创意产业园区数量比较》,http://www.ccitimes.com/redian/redian/2012-04-21/6247862478.html。

[2] 《南京文化产业考察团赴北京考察》,南报网,2012 年 5 月 11 日。

二 问题的提出

文化产业园区的快速发展，有力地带动了文化产业的发展，同时也为园区发展质量带来了一定的隐患。尽管不少文化产业园区在经济社会效益方面都取得了较好的成绩，但是却掩盖不了全国文化产业园区发展的不良态势。根据文化部不完全统计，目前全国成规模的文化产业园区超过2000家，但是其中超过九成的园区处于亏损状态，园区内企业外迁，空间闲置、缺乏有效盈利模式等问题较为严重。以上海MO创意园区为例。该园区是废置厂房改造利用成创意园区的成功案例之一，有良好的艺术氛围，如今在市场的挤压中也举步维艰。究其原因，一方面，随着园区知名度的提高，园区内租金越来越高。单体空间面积越大，涨幅越高。坚持在园区内的艺术家们日益感受到租金的压力。另一方面，创意人群购买力的下降。园区有不少闲置空间却招不到合适的创意企业入驻，而急需创业创意空间的文化企业尤其是小微企业却租不起适合集聚发展的空间。

就全国文化产业园区的发展情况而言，主要存在以下几个方面的问题。

（一）定位不准确，可持续发展的思路不明晰

当前，我国不少园区由于定位不准确后续发展难以为继，园区变质现象逐渐增多。不少文化产业园区在初期规划时不够严谨或过于急功近利，产业模式、管理模式等都没有形成良好的发展机制，陷入了"圈地、圈钱、圈市场"的怪圈，文化产业园区毫无"文化"。以艺术类文化产业园区为例。显性问题主要表现在艺术家在园区内的地位和作用、园区的管理与运营、过度的商业化和旅游化倾向等方面。而隐性问题则在于产业园区定位不清晰，盈利模式还未形成，生命周期短，可持续发展的路径不明确等。在市场竞争中，尤其是在艺术与商业的博弈中，此类园区很容易成为商业聚集点，从而失去了原有的文化艺术特性。

（二）不少园区重规模而忽视了"产业链条"的延伸

政府主导下的文化产业园区，是通过各种优惠政策将同一或是类似产业链条上的多个分散的文化机构和企业集聚在一个"四至"明确的物理空间内逐渐形成的。在短期内，园区企业粗具规模，但是，由于企业本身

的同质性和相互之间的竞争性，难以形成产业间的互补合作。在市场上，这些入驻企业依然是单体作战，并没有因为入驻同一物理空间，就形成了上下游的产业联合体。因此，在实际产业运营中缺乏聚合的现状使得园区成为一些企业不断享受政府优惠政策的中转站，前些年动漫产业中出现的"候鸟现象"就是典型的例证之一。

（三）园区发展缺乏经营理念和服务意识

当前不少园区管理机构的职能还定位在"监督管理"上，缺乏长效的运营理念，更缺乏营造环境推动企业发展的"服务意识"。因此，园区管委会与入驻企业形成了"房东"与"租客"的关系。除了相应的经济关系外，二者在园区环境维护、人文气氛营造等方面都互动不够，甚至没有互动。入驻企业只是实现了形式上的集聚，但是在环境优化、软硬件设置等多个方面并没有真正实现资源的共享。尽管国内成规模的文化产业园区超过2000家，但是真正因为"产业链"关系而集聚形成的文化产业园区为数不多。大部分文化产业园区在战略定位、园区规划、基础设施建设、公共文化空间等方面都存在不少问题。

另外，入驻企业根据各自的发展需要和发展目标，各行其是，反而增加了管委会的管理成本，造成其效率低下。转变园区管委会的职能，强化其服务功能，通过整合实现园区的全域发展才是未来中国文化产业园区建设的主流方向。

（四）园区建设缺乏文化和地域性内涵

文化产业园区的建设是以文化的发展为基础的，在城市产业结构转型中其由密集的创意活动集聚而成。其本身的建设也应该是一项创意的过程。当前，不少文化产业园区的建设项目没有科学的立项和规划便匆匆上马。在建筑设计上，缺乏科学的理论指导，盲目建设、建筑千篇一律的现象普遍存在。园区建设越来越呈现一种"工厂化建设"的趋向。第一，在内部设计上，更多地体现出对办公室的建设，忽视了对创意空间、文化氛围以及公共空间的营造，而这是创意工作者最看重的。第二，在园区的整体规划中，创意性的设计不足，整个园区的建设缺乏艺术美感和文化气息，甚至在某些以旅游资源为主题的园区中，也缺乏相应的功能设计与器具摆设。第三，园区的建筑风格缺乏创意。用于创意办公的空间不是越高越好，不是越靠近市区越好，园区创意空间的营造需要体现出创意、文化、艺术等美感。首先它必须是个文化空间，有利于创意的产生；同时它也应该是企业互动、沟通、交易、合作、孵化的平台，有利于进行商业合作。第四，作为一个公共场所，园区建设应该具备一定的文化娱乐休闲的性质。然而，当前许多园区却忽视了这一点，特别是在一些新的园区建设中，房间被切割为许多部分，目的在于出售更多的房间，提高租户的数量，但是文化的氛围却完全消失，沦为一般的商务写字楼。

（五）孵化功能弱，知识转移力量不足

国外成功的文化产业园区，不仅能够赚取产业利润，而且还是重要的知识成果转化平台，承担着孵化器的功能。孵化器，顾名思义，是指一个集中的空间，能够在企业创办初期举步维艰时，提供资金、管理等多种便利，旨在对高新技术成果、科技型企业和创业企业进行孵化，以推动合作和交流，使企业"做大"。而文化产业园区作为文化企业的孵化器，重在将有创意的点子转化为经济价值，将其孵化为文化企业或文化项目。

就目前我国文化产业园区的建设现状来看，园区的孵化功能和知识转化功能并没有得到充分的发挥。"十三五"期间我国文化产业园区能否创新性发展，这将是破题的关键。

第二节 研究目的

21世纪以来，文化产业兴起与发展，迅速成为经济的新增长点。文化产业园区（集群）是文化产业发展的载体。从"文化大发展大繁荣"到"建设社会主义文化强国"，各地都出现了文化产业园区（集群）建设的浪潮。然而，有些文化产业园虽然还顶着"文化产业"的帽子，但是已经发生了质的变化，沦为普通的文化商品交易区甚至成为一般的商业区。

当前，关于"园区发展变质"讨论最集中最典型的莫过于北京798艺术区。由于商业的过度介入，北京798艺术区面临着诸多争议：艺术区定位偏移、房租上涨、艺术家地位边缘化、过度商业化等问题突出。北京798艺术区的发展和演变，不仅是北京某一艺术区的个性问题，它也是中国文化产业园区发展的一个缩影,体现了中国文化产业园区发展过程中的一些共性特征。① 从美国纽约 SoHo 艺术区的商业化转变到北京 798 艺术区当前的"变质争论","艺术家聚集——画廊或商业进入——房租上涨——艺术家撤离"似乎已经成为艺术性文化产业园区难以跳出的一个怪圈。"我国艺术产业园区的发展如何跳出这个发展怪圈"不仅是艺术区管理者的问题,也是文化产业研究者所面临的难题。

因此,研究文化产业园的发展规律和趋势,尤其是针对其不同发展阶段探索有针对性的扶持政策,从而采取有效措施避免产业园区过早地转型或走向衰落,延长其生命,提升其发展质量,推动文化产业园区的可持续发展,就显得尤为必要。

其研究目的主要体现在以下两个方面。

一是,研究文化产业园区的生命周期,梳理总结不同生命阶段文化产业园区在产业、空间、驱动力上的不同特征,探索影响其发展的内外因素,从而有针对性地进行园区的优化提升,以便通过有效措施避免产业园区过早地转型或走向衰落,延长其生命,提升其发展质量,推动文化产业园区的可持续发展。

二是,通过对北京 798 艺术园区和坡州 Heyri 艺术村的发展历史的对比研究,结合文化产业园区发展的一般规律,从"典型"到"一般",对中国文化产业园区(集群)的优化提升探索发展路径,为国内其他文化产业园区的建设提供借鉴。

结合以上两个层面的研究,探索园区优化升级的发展策略,使之尽可能地获得发展的时间和空间,从而更加充分地发挥文化产业企业集聚发展的优势和文化辐射力,实现文化产业园区的健康可持续发展。

第三节 研究意义

当前,"推动文化产业成为国民经济支柱性产业"已经成为文化建

---

① 《北京 798 艺术区设"两元门票":商业与艺术的博弈》,http://news.winshang.com/news-184507.html。

设的新常态，艺术产业作为文化产业的重要组成部分，受到广泛关注，艺术园区也被各地政府纳入文化产业发展整体规划。继北京798艺术区之后，深圳大芬油画村、北京宋庄画家村、成都蓝顶艺术区等一批艺术产业园区蓬勃发展。在实际发展中，不论这些园区是自发形成还是政府规划建设的，都是在"文化艺术的纯粹性"和"产业发展的商业性"中纠结，在社会效益与经济效益的天平中寻找平衡点。如何解决好文化定位与经济利益之间的关系，协调各方利益，平衡艺术与商业之间的关系，实现艺术园区的可持续发展，这也是本书进行中韩对比的根本原因之所在。

一 理论意义

文化产业是一门新兴交叉学科，其基础理论还不完善，与其他产业融合的学科体系还在构建当中，将经济学中的"产业集群生命周期理论"引入文化产业，有利于进一步丰富文化产业的学科理论，尤其是为文化产业园区的可持续发展提供有效的理论支撑。首先，从产业集群生命周期的角度分析文化产业园的发展历程，有利于预测园区发展的可能性路径；其次，分析其各个生命阶段的不同特征，有利于为政府出台相应的园区扶持和调控政策提供有效的依据。再次，以可持续的思路研究园区发展，有利于丰富文化产业园区理论和研究方法；最后，从综合角度进行分析，有利于探索文化产业园的产业发展变化历程，勾勒文化产业园区的发展曲线，探索文化产业集群发展、转型、创新的动态规律。

二 实践意义

（一）政府制定园区政策时必须考虑产业的生命周期

以产业的生命周期视角研究文化产业园区，可以保障政府在制定文化产业园区（集群）政策时关注园区的产业结构和可持续发展。

文化产业园区政策是否发挥积极作用，关键在于政府对于园区发展规律的宏观把握和对园区发展态势的精准洞察，取决于政府文化决策的合理性与科学性。在充分尊重市场机制的前提下，遵循文化产业及园区生命周期的演化规律有利于文化产业园区的发展。文化体制改革前，由于受到计划经济思想的影响，产业结构的调整主要依靠政府的行政行为从上而下地去实施。经过十多年文化体制改革后，文化产业逐步实现了政府宏观调控与市场调节相结合的发展方式，其中紧紧瞄准市场变化的文化产业政策是主要的调控杠杆。只有充分研究市场和园区发展的规律，才能使文化产业政策的制定有充分依据。目前，我国虽然不乏文化产业政策，但是效果不是十分理想的原因之一就是忽视了生命周期对产业的影响，没有可持续地动态地去观测文化产业及其园区的发展脉络，从而在适时调整和关键环节上反映不够及时准确。

（二）园区可持续发展必须关注产业生命周期

"十一五"以来，我国文化产业园一边是爆发式的增长，一边却是大量园区快速衰退甚至沦为"空城""鬼城"。以产业集群生命周期为视角，研讨文化产业园区生命周期的特性，分析影响园区生命周期的内外因素，探讨园区优化升级和可持续发展的路径，为国内各种文化产业园区提供相应的借鉴模式与研究思路、研究方法，有助于指导文化产业园区的规划建设和可持续发展。因此，研究园区发展的生命周期，把握文化产业园区的生命发展趋势，从而有针对性地制定策略推动园区走向成熟，优化园区发展，有助于为文化产业创新发展、打造文化城市（园区）提供理论基础和科学依据。

（三）预测国内文化产业园区的发展趋势

我国文化产业园区发展历史还不长，尚没有形成具有自身特色的文化产业园区理论框架和发展模式。西方发达国家部分文化产业园区或特色文化产业集群已经发展了数十年甚至百余年，逐渐形成了一定的发展模式和运行规律。在生命周期的研究上，已经积累了一定的研究成果，对文化产业园区的发展形成了一定的考核指标体系，这有助于推动我国文化产业园区提高生命质量，延长发展周期。因此，在国外文化产业园发展规律研究的基础之上，结合产业集群生命周期理论，审视我国文化产业园区发展的现状与得失，可以有效预测国内文化产业园区发展趋势，从而逐步建立具有我国本土特色的文化产业园区理论体系。

第四节　概念界定

一　文化产业园区与文化产业集群

在我国，文化产业园区也被称为文化产业集群。目前，对于文化产业园区、文化产业集群还没有形成完全统一的定义，国内外学者都从各自的角度展开讨论。

（一）文化产业集群

文化产业集群，也被称为创意产业集群。文化产业集群的理论基础来源于西方经济学的产业集群理论。代表学者及理论有古典经济学家亚当·斯密（Adam Smith）的分工协作理论，新古典经济学家马歇尔（Marshall）的产业区（Industrial District）理论，以韦伯（Alfred Weber）等人为代表的区位理论，"二战"之后以佩鲁（Francois Perrour）等学者为代表的增长极（Growth Pole）理论，巴卡蒂尼（Becattini）等人以产业区理论为基础提出的新产业区理论，以及20世纪80年代出现的以克鲁格曼和波特为代表的新经济地理学理论和新竞争理论。

在西方文献中，对于文化产业集群有很多种不同的论述。基于文化产业集群在西方社会生活和经济现象中的广泛存在及其本身内在特征和功能的种种多样化呈现，这些论述覆盖了相对比较广泛的社会科学领域。从学科背景来说，文化产业集群涉及经济学、地理学、新经济地理学、产业经济学、管理学、文学、艺术学等学科。从英文文献查考的资料显示，与文化产业园区（集群）对应的词汇很多。这些词汇主要有 cultural district, cultural cluster, culture community, cultural quarter, cultural park, cultural zone, cultural complex, 等等[1]。

随着文化产业实践的日益深入，国内学者对文化产业集群的研究也愈来愈丰富和深入，陆续提出了许多具有本地化认识特征的文化产业集群的概念。向勇、康小明（2005）认为文化产业集群就是在文化产业领域中

---

[1] 张凌云：《西方文化（产业园）区利益相关方研究——以斯特拉特福为例》，山东大学博士学位论文，2012年，第39页。

(通常以传媒产业为核心），大量联系密切的文化产业企业以及相关支撑机构（包括研究机构）在空间上集聚，并将文化产业集群划分为核心文化产业集群、外围文化产业集群和相关支撑机构等；欧阳友权（2006）认为文化产业集群是指相互关联的多个文化企业或机构共处一个文化区域，形成产业组合、互补与合作，以产生孵化效应和整体辐射力的文化企业群落。

综上，笔者认为：文化产业集群是在一定地域范围内，以文化生产的分工与合作为基础，由处于同一产业链条不同环节或同一环节生产不同产品的文化企业和相关金融、研究咨询、后勤服务等机构逐步集聚形成的空间性较为明确的产业组织。这种产业组织具有三个特征：一是空间分布上相对集中，即在企业分布上存在一定的物理空间四至。尤其是在中国，现行的文化产业集群被赋予了较多的空间意义，更多地强调了文化企业在某一区域的集合。二是文化产业运行上相对关联，互为支撑。集聚在一起的文化企业，在文化生产、销售等环节上存在着复杂的竞合关系，通过集聚，企业之间可以形成横向或者纵向甚至网络化的链接。依托于这种链接，在政府文化政策引导和市场调节下，诸如人才、信息、资本等市场资源的有序流动与合理配置，将会有效地提升集聚效应，推动集群内企业的快速健康发展。

（二）文化产业园区

由于不同国家与地区对文化产业的称谓各有不同，因此在文化产业园区的理解和定义上也不相同，譬如文化产业集聚区、文化集群、创意园区、创意集群等。

目前，我国至今尚无对文化产业园概念的统一界定。随着文化产业园在西方城市的发展，相关的研究也越来越多。西方学者对于文化产业园区的研究比较早，譬如希拉里·安妮·弗罗斯特库普夫、德瑞克·韦恩、万斯伯勒·马吉恩等学者都有自身的表述。

希拉里·安妮·弗罗斯特库普夫提出了"文化区"的概念。她认为：文化区指的是城市中一个具备明确标示、组织完善、用途多样的固定地区。在这个区域内，夜间活动丰富，能够为艺术活动及艺术组织提供必要的基础条件，能够为当地艺术家提供更多的就业和居住的机会。同时，园区内经常举办各类文化艺术活动，能够有效促进当地居民与游客、艺术与社区之间的互动和融合发展。①

德瑞克·韦恩认为,文化产业园区指的是将城市里的文化娱乐等设施以最集中的方式集中在某一特定的物理空间内,在这个空间里,文化生产与消费相辅相成,工作、休闲与居住高度融合。

马吉恩等将文化产业园区定义为一个具有明显的地理疆域,空间有限但内部文化企业和文化设施高度集中的区域。园区内既包括各类文化企业,也包括文化艺术的自由创意个体。同时,园区内还建有图书馆、游乐场等公共文化和娱乐设施。这些园区鼓励文化创意,强调一定程度的文化生产与消费的集中。②

约翰·麦卡锡(John McCarthy)在"The Application of Policy for Cultural Clustering: Current Practice in Scotland"中指出:通过文化园区鼓励文化产业集聚,即将文化生产、文化消费领域的各类文化用途作为手段,以此集聚企业,通过这种生产消费上的协同作用,推动企业成本和对环境损耗的最低化。

从上述概念中可以得出,文化产业园区的主要特征体现在"一定的物理空间、文化生产的集聚"方面,同时也更加强调"文化设施"的集中。

从文化产业集群和文化产业园区的相关定义可以看出,文化产业集群与文化产业园区(或集聚区)是非常接近的概念。二者的重点都在于"一定空间内集聚了具有相关度的文化企业,实现了文化生产与消费的集中",文化产业集群侧重于产业的表述,而文化产业园区侧重于空间的表述,而这从本质上是一致的。文化产业集群的空间形态就是文化产业园。因此,本书的研究将文化产业集群与文化产业园区视为可以相互替换的概念。

目前,虽然关于文化产业园区的研究较多,但是涉及园区的演变规律和发展历程的内容还不多。本书结合产业集群生命周期理论来探索文化产

---

① 樊盛春、王伟年:《文化产业园区概念的界定及理论问题探讨》,《企业经济》2008 年第 10 期,第 9 页。

② http://baike.baidu.com/link?url=hfamDKAZmNuP-qp9nyLJCD_1V0sUqBUdn8yNc8UNMmcCskvrQx_27TE9rpopUSyHelkrmMjvmg_imSlLQa44gq。

业园的发展演化过程，有利于文化产业园的前期规划与未来的可持续发展。

(三) 文化产业园区发展的三种形态

英国是最早提出"创意产业"概念的国家。随着创意产业的飞速发展，其产业经济在英国经济发展中占据的比重越来越多，"创意产园区建设和产业集群"日益成为国际创意产业发展的重要课题。园区建设，从其名称而言，经历了由"文化区"、"文化集聚区"再到"创意集聚区"的过程。

随着老工业的日益衰落与创意艺术产业的兴起，在诸如伦敦、巴黎等城市逐渐出现了一些艺术群落，这些群落被称为"文化区（Cultural Quarters）"。其典型代表就是伦敦 SOHO 区和巴黎塞纳河左岸。其特征在于，通过旧厂房改造实现新的文化艺术空间的发展。文化区，可以说是"文化集聚区"的前身。在这一阶段，文化区的功能重在社会效益，其经济效益并没有被提到很重要的位置。这也和当时创意产业的概念尚不普及有关。

随着创意产业的发展，文化集聚区（Cultural Clusters）逐渐出现。这一概念最早起源于英国谢菲尔德市的城市发展。谢菲尔德是英国第五大城市，曾以"钢铁城市"闻名于世，其生产的刀具享有盛名。然而，20 世纪中期后，随着钢铁业的衰败，谢菲尔德老城逐渐被废弃厂房和破败社区所包围。20 世纪 70 年代晚期，谢菲尔德市诸如 17 号天堂、ABC 等乐队自发利用廉价废弃厂房作为创作基地，取得了较好的音像制品销售成绩。在一些有识之士的提议下，谢菲尔德市议会决定集聚不同的艺术群，发展创意产业。市议会选择在音乐基础较好的市中心进行试点，一个全新文化产业园区由此诞生——谢菲尔德音乐集聚区（CIQ）。以这座产业园区的兴起与发展为起点，文化园区逐渐成为创意产业的载体，不仅仅是文化的保护与拓展，更是成为产业集聚、提升经济效益创造就业岗位、孵化企业的创意场所。

随着创意产业的进一步发展和范围的拓展，特别是信息技术与创意产业的融合，在文化园区的发展中逐渐出现了创意园区（Creative Clusters）。后者更注重新的文化形态，强调创新在文化产业发展中的作用。近些年来，技术、艺术、创意成为文化产业发展的"三驾马车"，其经济效益、社会影响、公众认知度等都远远高于传统文化业态的"文化集聚区"阶段，文化园区日益向"创意集聚区"形态转化。

从"文化区"到"文化集聚区"，其重要转变在于"集聚区"成为一个通过产业集聚实现经济效益的经济体，而非"文化区"时代的松散的、公益性较强的艺术群落，其产业性更加凸显，同类企业的聚合更加明显，"规模经济"的效益越发突出，其在工业衰退实现新的经济增长中占有的地位越来越重要。

从"文化集聚区"到"创意集聚区"，其典型转变在于产业形态的升级，不再拘泥于传统的文化形态的集聚与发展，更加推崇创新、创意在产业发展中的作用，更加重视人文、科技与创意的融合和发展，更加强调产业集聚的经济效益。需要特别指出的是，创意园区的"产业集聚"，不是单纯的同类企业的聚合，而是强调产业链。它是指在一个特定区域的特别产业领域内，集聚着一组相互关联的公司、供应商、关联产业和专门化的制度和协会，通过这种区域集聚形成有效的市场竞争，构建专业化生产要素优化集聚高地，使企业共享区域公共设施、市场环境和外部经济等资源，降低信息交流和物流成本，形成区域集聚效应、规模效应、外部效应和区域竞争力。

我国在国家层面上将"创意产业"称为"文化产业"，虽然在分类上与英国、UNESO 的分类皆有出入，但是大体上相同，基本覆盖了上述二者所罗列的产业门类。

经过十余年的成绩，中国文化产业已经取得了较为可观的成绩，特别是在园区建设方面成绩斐然。在园区建设方面，我国充分利用后发优势，通过学习、借鉴、引进等各种方式，较快地推动了文化产业园区的建设。特别是从 2006 年以来，文化产业园区建设在国内呈现一片火热的景象。但是，由于我国文化经济发展的不平衡，国外文化产业园区发展的三个阶段在我国皆有呈现。

当前，我国文化产业园区发展不均衡的表现是，首先，分布地域的不平衡。由于中东西部文化经济发展的不平衡，文化区、文化集聚区、创意集聚区的园区形态相应地出现了错落分布的状态。数量庞大的状况掩盖了质量不高、层次差距较大的事实。在西部经济不发达省份，大多数园区尚处于"文化区"阶段，甚至处于文化区的初期阶段，更多地将文化资源进行集中的展示，经济效益较低，自我造血功能不足。从全国范围来看，处于"文化集聚区"阶段的产业园区较多，这主要得力于国家的大力扶持。当前，各种各样的动漫园区、设计园区、音乐园区等，基本上形成了同类企业的聚合，规模效益也日渐凸显，成为当前我国文化产业园区的主力军。

对于园区建设最高阶段"创意集聚区"，目前国内出现得较少。我国文化产业理论体系的不完善，对文化园区概念的梳理不清等，致使在园区建设实践中更多地强调同类企业的聚合，而对企业上下游产业链企业缺乏相应的规划。同时，园区作为融合技术、创意、艺术的孵化器，既能推动创意生产和市场运营，又能充分体现人文关怀的"社区化建设"在国内认识严重不足，这也是当前"创意集聚区"阶段发展不足的重要原因。所以，当前文化产业园区分布从下到上形成了文化区—文化集聚区—创意集聚区的金字塔结构。随着文化产业的发展，在"十二五"期间，应从"金字塔结构"转向"倒金字塔"结构，实现文化产业园区的可持续发展。

二　文化产业园区（集群）的生命周期

文化产业园区作为一个动态发展生态群落性质明显的产业集群，也存在着从出生、成长、成熟、衰老直至死亡的发展过程。

（一）文化产业园区（集群）生命周期的概念

作为一个严格的生物学概念，生命周期概念逐渐被引入到经济、管理学领域中来。该理论最初主要用于产品方面的研究，之后逐渐被借用并拓展到科技企业、产业以及社会等多个方面。简而言之，生命周期理论就是研究"从摇篮到坟墓"（Cradle-to-Grave）的整个过程。

1957年，美国学者波兹（Booz-Allen）和汉米尔顿（Hamiltion）在其出版的新书《新产品管理》中提出了"产品生命周期"的概念。他们认为产品和人的生命一样，也是要经历形成（出生）、成长、成熟和衰退（死亡）这样的周期。随后，弗农（R. Vernon）、阿伯纳西（William

J. Abernathy）和阿特伯克（James M. Utterback）等学者都对这一概念进行了进一步的完善与发展。不少学者立足于产品生命周期，通过描述产品与购买者之间的曲线状况详细反映产品的发展和营销态势。

1989年，美国著名管理学家伊查柯·艾迪斯（Ichak Adizes）首次将生命周期的概念引入到企业生命的研究中。他通过分析企业成长与衰落的原因提出了针对企业发展周期的系统对策。在这以后，学者们将生命周期理论引入了对产业发展的分析。

1998年，波特提出了产业集群的概念。作为一个动态发展的产业概念，产业集群的发展也存在由小到大，由弱到强的发展过程。生命周期的研究成为研究产业集群发展动力和趋向的重要理论支撑：与产品和企业的成长一样，产业集群也具有形成、发展、成熟和衰落的生命周期，也存在生命周期性。随着研究和实践的进行，集群生命周期理论逐步完善。

集群生命周期理论主要包括生命周期基础理论、数学模型和实证研究等内容。通过集群内企业数目、产业结构、市场动态、产品变化等信息描述产业从出生到衰落的发展过程与特征，从而对产业集群的发展做出针对性的决策和科学的预判。它为产业集群的理论和实证研究提供了新视野和新方法，为政府制定产业集群政策提供了新思路。[①]

文化产业作为一门新兴的朝阳产业，对传统经济的升级转型和拉动就业的巨大作用显而易见，已经成为世界多国拉动经济发展的重要载体。而文化产业园区（集群）则是推进文化产业发展公认的重要手段和有效载体。

与其他产业集群一样，文化产业集群的发展也是一个逐步集聚，由小到大的发展过程，也会经历形成、生长、成熟、衰退等生命阶段。每个阶段都因为不同因素的协同作用形成不同的特色。围绕这些生命特征，进行有效的和有针对性的决策是推动文化产业集群可持续发展的重要路径。

---

① 孙湘、朱静：《基于生命周期理论的产业集群可持续发展研究》，《科学技术管理》2010年第24期，第176页。

第五节 研究内容和方法

一 研究内容

本书以产业集群生命周期理论为主要切入点,以中国北京798艺术区和坡州Heyri艺术村这两个知名的文化产业园区为主要研究对象,通过剖析其发展过程,全面开展"基础理论——创意产业集群生命周期分析——中韩文化产业集群对比——优化策略研究——可持续性发展分析"的研究,试图为我国文化产业园区(集群)的优化发展提供借鉴。

本书的研究内容主要包括下面五大部分:

(1)绪论部分(第一章)。梳理前人对于文化产业园区(集群)的研究,界定文化产业集群和产业集群生命周期概念。通过对现有相关生命周期与文化产业研究的梳理,为本书的研究角度提供理论依据,确定主要研究内容、研究方法,并形成本书写作的研究框架。

(2)理论基础(第二章)。从生命周期的视角探讨文化产业集群和文化产业园区发展的生命阶段,通过不同的阶段特性总结其发展特征,并对其未来发展路径进行理论预测。同时通过梳理相关研究综述进一步确定本书的研究出发点。

(3)案例部分(第三章、第四章、第五章)。此部分共分为三章。第三章全面研讨北京798艺术区的发展历史,将其生命历程划分为几个阶段,总结北京798艺术区发展过程中的特点以及重要事件。同时对各个阶段的形成原因、具体状况等进行深入探讨。结合每个阶段的发展特征,探讨北京798艺术区生命周期演进的驱动因素。第四章全面研究坡州Heyri艺术村发展历程。通过对坡州Heyri艺术村的发展历史、产业现状、空间布局等的分析,确认其生命周期并总结各个阶段不同的发展特点及重要事件,并深入研究影响其生命周期演进的内外因素。第五章是在前两章案例分析的基础上,全面对比北京798艺术区和坡州Heyri艺术村生命周期的风险因素,结合生命周期理论,描绘两个园区的产业生命曲线,对其发展趋向进行预测和研判。

(4) 策略部分（第六章、第七章）。此部分共分为两章，也是本书研究的核心成果所在。根据两个园区的对比结果，探讨中国文化产业园区升级的优化策略，同时为中国文化产业园区可持续发展提出建议。

(5) 结论。对全书的研究成果进行核心提炼，彰显将生命周期理论引入文化产业园区发展的重要意义，凸显本书研究成果的价值所在。

本书的研究机理如图 1-2 所示。

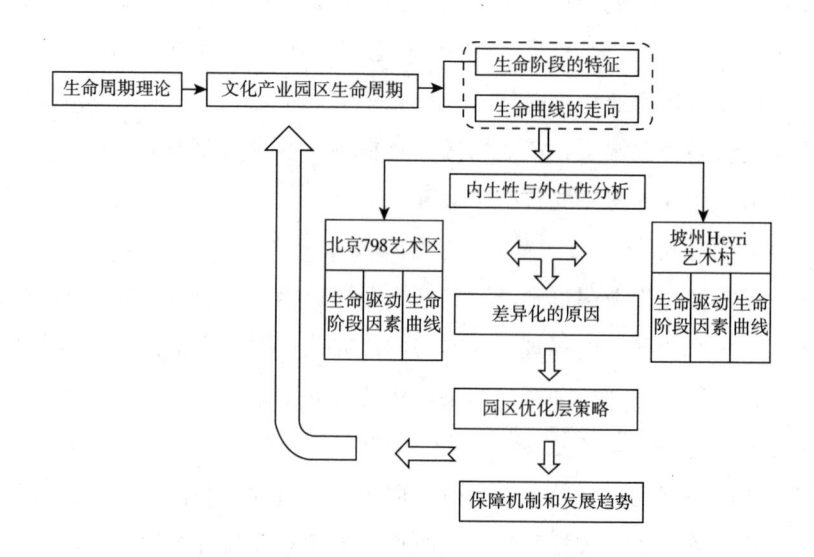

图 1-2 本书研究机理

二 研究方法

（一）文献研究与实证调研相结合

这是本书的基本研究方法。通过对历史文献的梳理，一方面对文化产业园区（集群）的概念、特征等进行归纳总结；另一方面对生命周期、文化产业园区生命周期等理论进行梳理，为研究提供理论支持，从而为案例对比和优化策略做好理论准备。同时，在对全国文化产业园区有了初步调研的基础上，深入北京 798 艺术区和坡州 Heyri 艺术村这两个文化产业园区内部就其发展历史、产业现状、空间构成、管理机制等问题进行实地调研，通过对比和综合分析，提炼各个生命阶段园区发展的产业特征、空间特征和动力特征，尽可能详细地描绘这两个园区发展的生命曲线。

(二) 系统分析与比较分析相结合

文化产业既有经济属性，又具有意识形态特征，因此，要将文化产业园区发展置于整个区域发展的大系统中进行研究，对两个类似文化产业园区的生命周期进行比较分析，找出共同性和差异性，提炼出园区现状成型的原因，探求生命周期发展曲线的不同走向及发展动因。

(三) 定性分析与定量分析相结合

本书还将通过数据比较分析法对园区生命周期的效益进行对比。同时，针对文化产业园区统计数据缺失、失真的客观问题，对选定的典型文化产业园区做重点调研，通过统计数据的整理和对该区域官员、企业家、从业人员、市民、游客的访谈，采用数据统计分析和定性分析相结合的方法，总结归纳文化产业园区的发展历程、重点事件、政府管理、集群特点、内外部环境作用等因素对文化产业园区生命周期的影响。

第六节 创新点与难点

一 创新点

当前我国文化产业园区发展速度较快，数量多但是质量参差不齐。文化产业园区是一个综合生命体，也会经历形成—成长—成熟—衰蜕（衰落和蜕变）的生命历程。每一个生命阶段都会因为不同的因素呈现不同的状态。当前，我国不少园区发展周期不长，生命质量较低，在短短的几年间就走向了衰落，失去了文化产业园区的本质和文化活力。为此，本书做了以下几方面的探讨。

一是将文化产业园区的发展视为一个生命体，从动态的角度研究文化产业园区的发展全过程，有别于传统的静态地观察园区发展的研究方法。通过生命周期理论的视角，从园区发展的各个阶段探讨文化产业园区在发展中的变化因子，从定性、定量两个角度探讨其发展中相关指数的变化曲线，从而寻找出延长生命周期提升生命质量的发展因素，为中国文化产业园区的优化提升和可持续发展提供有价值的理论借鉴。

二是对于文化产业园区的发展路径提出了新的思考。文化产业具有其自身的特性：文化价值可以多重反复开发与利用，创意创新始终是其持续发展的核心要素。本书将文化产业的这种特性与传统产业生命周期的发展轨迹进行了有效融合，丰富了生命周期理论。同时，就文化产业园区的发展而言，在生命周期的蜕变阶段，除了与传统园区相似的"衰落"与"转型"外，还存在第三种路径——"创新循环"，即通过新的创意与创新，能够将原有的文化产业实现"逆生长"至"成长期"，从而重新起步进行二次发展，实现新的增长。

二 难点

首先，生命周期理论在我国的研究相对还不成熟，尤其是对于文化产业园区的生命周期研究而言，我国在理论构建上严重滞后于产业发展，因此，研究最大的难点就是缺少一线的统计数据，在量化上缺乏翔实的数据支撑。

其次，我国文化产业园区发展时间较短，园区类型、发展模式等尚处于初级阶段，园区发展的各种规律和特征还不明晰。现实中，一边是"爆发式"的发展趋势，一边是发展水平的参差不齐，因此，研究过程中可能会存在一定的学术偏颇性，还需要进一步分析园区生命周期发展的各种现象。

最后，坡州Heyri艺术村的资料较少，现有的材料多为韩文和英文，且研究视点多集中在建筑艺术上，因此，对于相关外文资料的翻译和梳理也是本书研究的难点之一。

第二章 文化产业园区生命周期的理论研究

当前,我国文化产业园区建设如火如荼,示范区、实验区、试验区等称呼各异,但是,万变不离其宗,皆是文化产业园区的各种翻版或升级版。就我国文化产业园区发展现状而言,整体还处于"初级阶段",其生命曲线依然呈上升状态。但是就单个园区而言,不少园区缺乏"生命周期"——由于在政策等多方面作用下,现实中文化产业园区发展并没有市场化发展,而是根据行政指令集聚产业形成集群,缺乏内在融合力。当政府领导人注意力转移或者优惠政策、优惠资金用尽时,园区就快速地失去生命力,荒废为一般的生产基地,部分园区更是直接转型为房地产,失去了本该具有的文化韵味和文化产业的经济价值。本章将从产业集群、文化产业、文化产业园区的生命周期出发,深入研究园区在各个生命阶段的不同特征,试图通过生命周期的分析描述文化产业园区的发展走向。

第一节 产业集群生命周期的基础理论

一 生命周期理论阐述

生命周期源于生物学概念,是指具有生命特征的有机体从出生、成长、成熟、衰老直至死亡的整个过程。[①] 经济学文献对生命周期的研究最早见于宏观经济周期研究,如按照周期波动对经济发展的影响程度及发生

[①] 蒋三庚、张杰、王晓红:《文化创意产业集群研究》,首都经济贸易大学出版社,2010,第71页。

时间的长短，将经济周期划分为短周期（基钦周期）、中周期（尤格拉周期）、中长周期（库兹涅茨周期）和长周期（康德拉季耶夫周期）四种类型。

产业集群生命周期的早期研究主要侧重于讨论产业集群是否存在生命周期。作为产业集群理论奠基人之一，美国哈佛商学院教授波特提出：产业集群存在生命周期，其发展包括诞生、成长和衰退三个阶段。他系统分析了产业集群形成的可能性因素，并对导致集群形成、发展和衰退的多种原因进行了深入探讨，但是他并没有就某一典型案例进行专项研究，也没有系统地提出生命周期理论。然而，产业集群生命周期的概念却很快得到了学界的广泛认可，不少学者试着通过集群生命周期的视角来分析相关产业园区的发展态势，在前人对产业集群生命周期研究的基础上进行了拓展和演进分析。其中，意大利学者斯旺在对英国和美国高新技术产业集群研究后提出集群虽然有各自的发展轨迹，但大多数都存在相似的生命周期现象。在实证研究的基础上，斯旺正式提出了系统的集群生命周期理论。他指出大多数成功的产业集群至少会繁荣几十年，甚至连续几个世纪保持领先地位，但是在发展过程中，这些集群也会因为某些外界原因或者一些内在因素丧失竞争优势。

当前，关于产业集群生命周期的研究主要从两个方面进行：一是从园区（集群）内部的某个企业或者其他机构的个体角度出发，通过考察企业或机构从入驻园区（集群）或新建、发展、成熟、衰亡或迁出的发展脉络来研究园区（集群）的产生、发展和衰落。二是从园区（集群）的整体角度来探讨其形成、发展、成熟和衰落的演化历程。

而对于产业集群生命周期的划分，国内外学者也不尽相同。经过对类似文献的统计分析，学者从不同角度选用不同的划分标准，生命周期的划分主要表现为三段论、四段论、五段论、六段论。虽然划分的形式多种多样，但是大部分分法都是以"形成、发展、成熟、衰落"为主要理论框架进行增减的。因此，"四段论"较为普遍（见表2-1）。

二 文化产业的生命周期分析

任何生命体和社会组织都会经历从出生（形成）、成长到老去死亡的生命过程。生命周期的每一个阶段都会呈现不同的特征，衍生出不同的行为模式，同时也会反映出一些问题，并通过自身调节或者外部的干涉作用来解决这些问题，推动其健康成长。这是不可抗拒的普遍规律，深刻作用于自然界和社会领域。文化产业作为一种产业组织形式，也必然要遵循这一发展规律。

表2-1 产业集群生命周期的阶段划分

生命周期的阶段数	名称	提出者	主要观点
二	初始阶段 高级阶段	Alfred Weber (1909)	韦伯在《工业区位论》中将工业区的发展分成两个阶段：初始阶段和高级阶段。在初始阶段企业仅通过自身的扩大而产生集聚优势；而高级阶段的企业通过互相联系的组织而产生地方工业化①
二	少年阶段（或叫早期阶段） 成熟阶段（或叫晚期阶段）	Eisingerich (2008)	Eisingerich将产业集群的发展归入两个阶段，即少年阶段（或叫早期阶段）和成熟阶段（或叫晚期阶段）。处于少年阶段的产业集群其产品创新居多，这些创新大多由集群进入者所携带，集群内产品种类和生产者数量持续增加，新产品成为现存产品的扩展产品而非替代品，该阶段集群内产品因缺乏统一标准而变化迅速。而处于成熟期的集群，其创新则更多地来源于集群内部"干中学"的过程，伴随着生产过程的日益标准化，集群产品日益趋同，新产品对现存产品呈现替代的关系，产品种类趋于稳定②
三	孕育阶段 进化阶段 衰退阶段	Porter (1998)	集群发展过程存在一定的生命周期形态，Porter将集群的生命周期分成了孕育、进化、衰退三个阶段③

---

① 韦伯：《工业区位论》，李志刚、陈志人、张英译，商务印书馆，1997。
② 参见 Eisingerich A., Falck O., Heblich S., Kretschmer T., Cluster Innovation Along the Industry Life Cycle, Jena Economia Research Papers, Working Papers, 2008。
③ 参见 MichaelE. Porter, Clusters and New Economies of Competition, Harvard Business Review, 1998 (11), pp. 77–91。

续表

生命周期的阶段数	名称	提出者	主要观点
三	流动阶段 过渡阶段 稳定阶段	William J. Abemathy 和 James M. Utterback（1970s）	他们共同提出了 A-U 模型。他们依据产出增长率将产品生命周期划分为流动阶段、过渡阶段和稳定阶段，并认为企业的产品创新和工艺创新相互关联，在不同阶段对两者的侧重有所不同，企业的创新类型和创新频率取决于产业成长的不同阶段①
	初始阶段 发展阶段 成熟阶段	Maggioni（2002）	Maggioni 将产业集群生命周期划分为以下三个阶段：第一阶段：初始阶段。集群内部企业持续向外界释放该集群所在地域具备盈利性的信息，从而吸引更多企业进入该集群。入驻企业由于地理上的接近，可以享受由公用熟练劳工市场、专门化的服务性行业和基础设施以及知识外溢带来的"集聚经济"。第二阶段：发展阶段。随着入驻企业的增多，其集聚经济性成为集群增长和结构转型的主要原因。第三阶段：成熟阶段。集群或成为国家/地区的产业技术领导，并且能够抵挡外部的技术冲击和经济衰退，或开始走向衰退②
	发生阶段 发展阶段 成熟阶段	魏守华（2002）	其将集群发展过程划分为三个阶段，也就是发生、发展和成熟阶段。在产业集群的不同阶段，集群发展的主导动力是不同的。在产业集群发生阶段，集群的主导动力是地域分工与外部经济；而合作效率是集群发展阶段的主导动力，这种效率主要来自集群内成员之间的互相合作，这种合作包括企业与企业之间，企业与供应商、制造商、客户以及互补产品供应商之间的合作。而在后来的成熟阶段，集群的主导动力是集群的技术创新能力和知识扩散的能力③

---

① 参见魏丽丝《生命周期理论综述》，《合作经济与科技》2014 年第 12 期，第 156 页。
② 参见 Maggioni M. A., The Rise and Fall of Industrial Clusters, Technology and the Life Cycle of Region. Instituted Economia de Barcelona (IEB). Working Paper, 2004。
③ 参见魏守华《产业集群的动态研究以及实证分析》，《世界地理研究》2002 年第 9 期，第 16~24 页。

续表

生命周期的阶段数	名称	提出者	主要观点
三	专业市场型 纵向配套型 合作扩展型	王裙 (2002)	其从地区需求结构变动对产业链条的扩展影响的角度解释了集群经济的发展进程。具体结合广东方兴未艾专业镇经济的实践，将集群分为三个阶段，即专业市场型、纵向配套型和合作扩展型[①]
	产生阶段 成熟阶段 衰退阶段 复兴阶段	Swann (1998)	其将产业集群生命周期划分为如下几个阶段：产生阶段（Rise）、成熟阶段（Maturity）、衰退阶段（Decline）以及可能出现的复兴阶段（Revival/Renaissance）[②]
四	形成阶段 成长阶段 成熟阶段 衰退阶段	Tichy G (1998)	其将产业集群生命周期划分成形成阶段、成长阶段、成熟阶段、衰退阶段 形成阶段：集群的产生和开发阶段，企业仅仅是因为能获得外部经济性而集聚在一起生产 成长阶段：集群迅速发展阶段，最主要的特征就是入驻企业规模不断扩大，集群资源日益集中 成熟阶段：集群内生产过程和产品走向标准化，集群内部竞争加剧，利润下降 衰退阶段：入驻企业大量退出，集群走向衰落[③]
	孕育阶段 成长阶段 成熟阶段 衰退阶段	陈剑锋 万君康 (2002)	从集群内企业在技术创新集群中的作用（具体表现是相关专业的数量）去定量地评价生命周期。按照这个标准，他们把技术创新产业集群的生命周期划分为孕育、成长、成熟和衰退四个阶段[④]

① 参见王裙《论"簇群经济"的阶段性演进》，《学术研究》2002年第7期。第5~9页。
② 参见Swann GM. P., Prevezer M., Stout D., The Dynamic of Industry Clustering: International Comparisons In Computing and Biotechnology, Oxford: Oxford University Press, 1998。
③ 参见Tichky G., Clusters: Less Dispensable and More Risky than Ever Clusters and Regional Specialization, London: Pion Limited, 1998。
④ 参见陈剑锋、万君康《产业集群中技术创新集群的生命周期研究》，《武汉理工大学学报》2002年第5期，第60~63页。

续表

生命周期的阶段数	名称	提出者	主要观点
四	基本要素集聚阶段 价值链集聚阶段 社会网络集聚阶段 创新集聚阶段	秦夏明 董沛武 李汉铃 (2004)	产业集群形态的演进就是指产业集群从某个具体阶段的整体结构和特征向另一个具体阶段的不同的整体结构和特征变化的过程。从集群要素结构及其关联的演进阶段来看，其演变过程可以分为基本要素集聚阶段、价值链集聚阶段、社会网络集聚阶段、创新集聚阶段①
	生成阶段 集聚阶段 稳定阶段 衰退阶段	隋广军 (2004)	以定量数据作为衡量标准，从企业角度将产业集群的生命周期分为生成、集聚、稳定、衰退四个阶段，在此基础上，对其可能存在的内在驱动因素进行了探讨
	孕育阶段 成长阶段 成熟阶段 衰退阶段	池仁勇 郭元源 段姗 陈瑶瑶 (2005)	从企业出生率与死亡率、企业成长率、集群网络联结度、集群产业配套度等角度出发，将产业集群的生命周期分为孕育、成长、成熟、衰退四个阶段，并对四个阶段的特征作了描述②
	形成阶段 发展阶段 成熟阶段 蜕变阶段	潘慧明 (2006)	其认为，并不是所有的产业集群都会经历一个完整的生命周期。由于集群创新能力的存在，集群的核心优势会长期存在。他提出用集群的规模性指标、创新能力指标和集群内企业间网络关系的指标来区分集群发展的不同阶段。区别于传统的将产业集群的生命周期划分为四个阶段（即形成期、成长期、成熟期、衰退期）的方法，他将集群发展过程分为形成、发展、成熟和蜕变四个阶段，他认为传统的方法有一定的局限性，因为集群发展的蜕变期对于集群的可持续发展极为重要③

① 秦夏明、董沛武、李汉铃：《产业集群形态演化阶段探讨》，《中国软科学》2004 年第12期，第 150~154 页。
② 池仁勇等：《产业集群发展阶段理论研究》，《软科学》2005 年第 5 期，第 2~3 页。
③ 潘慧明：《基于可持续发展的产业集群生命周期研究》，《武汉科技学院学报》2006 年第 2 期，第 80~83 页。

第二章 文化产业园区生命周期的理论研究　29

续表

生命周期的阶段数	名称	提出者	主要观点
五个及以上	引入期 大量进入期、 稳定期 大量退出期 产业成熟期	Gort, Klepper (1980s)	G-K 产业生命周期理论，基于 G-K 产业生命周期理论，产业生命周期大致可分为五个阶段①
	企业集聚阶段 产业集聚阶段 结网阶段 植根阶段 发展极阶段	赵海东 吴晓军 (2006)	他们依据集群的动力机制和演进的差异，将产业集群划分为企业集聚阶段、产业集聚阶段、结网阶段、植根阶段、发展极阶段②
	探索阶段 发展阶段 巩固阶段 成熟阶段 停滞阶段 衰退（或复苏）阶段	刘志高 (2003)	其将产业集群的运动周期划分为探索、发展、巩固、成熟、停滞、衰退（或复苏）六个阶段③

就文化产业的生命周期而言，全球呈现不同步不平衡态势。根据产业生命周期理论的核心理念，文化产业作为新兴产业，同样具备产业纵向发展趋势，即需要经过从形成、发展到成熟、衰落的整个过程。

形成阶段（1945~1975 年）。"二战"结束后，世界政治、经济、社会发生了一系列变化，尤其是第二次技术革命使传播技术得到巨大发展，在此技术的推动下，文化产品批量生产成为现实并获得了巨大利润。法兰克福学派代表人物本雅明在《机械复制时代的艺术作品》中提出：文化工业（Cultural Industry）与传统文化的本质区别是"复制"。这一时期，

---

① 参见姚建华、陈莉銮《产业生命周期理论的发展评述》，《广东农工商职业技术学院学报》2009 年 5 月，第 25 卷第 2 期，第 56 页。
② 赵海东、吴晓军：《产业集群的阶段性演进》，《理论界》2006 年第 6 期。
③ 刘志高：《区域高新技术产业集群竞争力研究》，中国地质大学硕士学位论文，2003 年，第 52~54 页。

为了发展经济,活跃市场,欧美等发达国家通过政府干预和补贴等政策有效地推动了以新闻出版、广电等为核心的文化产业的兴起。

成长阶段(1976~1997年)。1945~1975年三十年间,以欧美国家为代表的全球文化经济在各国逐步兴起,但是文化产业还没有引起各国的高度重视。1975年的石油危机使得欧美国家重新审视经济发展的方向和模式,开始将产业转向服务业以及高附加值的产业,文化产业就是其中重要领域之一。以美国为例,自石油危机之后,美国社会便开始了一场长达20年之久的产业结构大调整,制造业整体性外迁,经济逐渐呈现服务化、信息化、娱乐化、概念化特征。油价的暴涨极大地增加了制造业产品的成本,制造业投入大、周期长、耗时费力但利润很低。而新型的文化娱乐产业只需消耗很少一点资源甚或根本就不需要资源消耗就能通过媒体的传播获得巨大的经济效益。之后,欧美国家的文化产业逐步市场化,进入迅速成长阶段。

1982年联合国教科文组织召开的"世界文化政策大会"在墨西哥城举行。此次会议明确把文化发展纳入全球经济、政治和社会的一体化进程,同时要求各国政府承诺将"文化发展"作为面向21世纪的重要任务。之后联合国教科文组织陆续推出了《联合国世界文化发展10年(1998~2007)》等文件,这些文件成为推进世界文化发展的重要公约性指导文件。

在这样的大背景下,各国对于文化产业的发展都做出了积极部署。1990年,受政府委托,英国文化委员会会同英国电影协会和手工艺委员会等组织联合起草英国文化发展战略。经过两年的调研和论证,题为"国家文化艺术发展战略"(讨论稿)的文件于1992年起草完毕并正式提交英国议会和政府审议。1993年该文件以《创造性的未来》为题正式对外公布。[①] 这里的"创造性"一词是"文化生产"的代名词,因为创意、创造是文化生产的精髓所在。之后,以"创意产业"为核心来制定文化政策的做法在全球开始扩散。譬如:澳大利亚于1994年也"历史性"推

---

① 李河:《以"创造性"的姿态面向未来——发达国家文化政策的主旋律》,http://www.china.com.cn/zhuanti2005/txt/2004-02/27/content_ 5503924. htm。

出自己的文化政策——《创意国度：澳大利亚联邦文化政策》。

在产业方面，由于市场需求的推动，在这一阶段，广播电视、演艺、音乐、动漫等文化产业发展迅猛。尤其是随着传媒企业的重组与兼并，文化产业出现多样性和集中化，国际"巨无霸"文化产业集团逐渐形成，世界文化产业格局逐渐明晰。

成熟阶段（1998年至今）。以1998年英国发布的《英国创意产业的路径文件》为标志，文化产业进入了全面发展的繁荣期。该份文件首次对创意产业（文化产业）[①]的内涵进行了明确的界定。创意产业（文化产业）作为一种新的经济增长模式被广泛认同。当时，英国经济学家约翰·霍金斯就指出：在全球范围内，由创意所产生的经济规模巨大，现在已经形成了220亿美元的市场，并以5%的速度迅速提升。[②]

目前，文化产业的发展进一步深化，主要表现在产业门类的细分，传统产业（如广播电视、新闻出版、广告业）等转型升级，文化与科技融合发展，动漫、网游等新型产业超常规发展，尤其是文化产业发展与实体经济（建筑业、制造业等）和新型城镇化，以及与互联网之间的融合发展态势越来越明显，日益成为促进传统经济提质增效升级，孵化新型经济业态和文化业态的重要产业门类。世界知识产权组织的最新数据显示：2013年，全球文化产业增加值占GDP的比重平均为5.26%，约3/4的经济体在4.0%~6.5%之间。其中，美国最高，达11.3%，韩国、巴西、澳大利亚、中国、新加坡和俄罗斯均超过6%，加拿大、英国、中国香港、南非和中国台湾则分别达到5.4%、5.2%、4.9%、4.1%和2.9%。联合国贸易与发展大会2014年初预测，2015年全球文化产业占世界国内生产总值的比重将升至7%左右，每年平均提高0.7~0.8个百分点。[③] 相关国家文化产业贡献率如图2-1所示。

文化产业发展动力极为强劲。联合国贸易与发展大会指出：2008年

[①] 目前，国际上对于创意产业和文化产业并没有非常明确和统一的界定。目前多数学者认为二者的内涵是一致的，因此本书在名称上默认二者可以互换。

[②] 花建：《文化产业基地和园区发展对策研究》，云南大学出版社，2011，第102~105页。

[③] 国家统计局科研所：《世界主要经济体文化产业发展状况及特点》，http://www.stats.gov.cn/tjzs/tjsj/tjcb/dysj/201412/t20141209_649990.html。

国际金融危机严重引发了全球需求的骤降，导致全球贸易至少萎缩了12%。与此同时，全球文化产品和服务出口却逆势持续增长，2008年其出口总值达5920亿美元，是2002年的两倍多，年均增长率达到14%，高出同期全球货物和服务贸易额增速6.6个百分点。根据国家统计局2012年文化产品和服务出口额的相关数据，北美自由贸易区的美国、加拿大和墨西哥3国出口份额为13.72%。相比之下，广大发展中国家文化贸易潜力亟待挖掘，潜力巨大：2012年，非盟53国出口份额为0.65%，南方共同市场的巴西、阿根廷、乌拉圭和巴拉圭4国出口份额为1.87%，东盟10国为4.56%，中国为31.9%，印度为5.5%。①

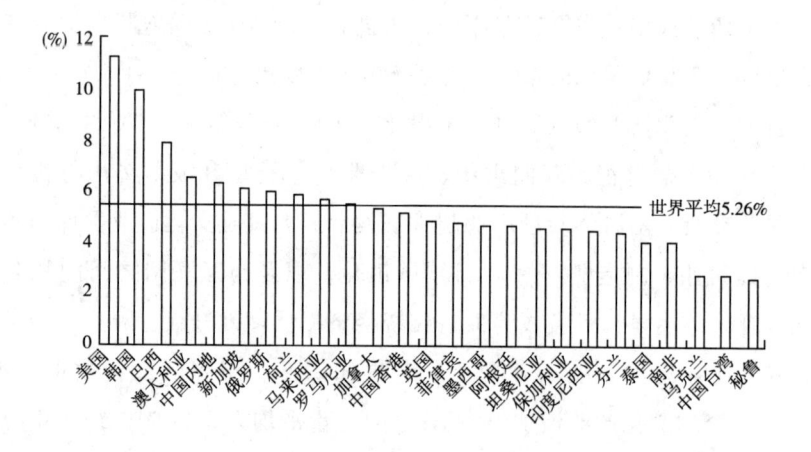

图2-1 相关国家文化产业贡献率

注：1. 因各经济体的文化产业分类不同，从而造成数据不可比。为便于比较，这里使用世界知识产权组织的分类标准及该组织公布的最新数据。2. 印度尼西亚和阿根廷为2013年数据；美国、英国、韩国、泰国、坦桑尼亚及中国香港为2012年数据；澳大利亚、保加利亚及南非为2011年数据；芬兰、马来西亚、罗马尼亚、乌克兰、新加坡、俄罗斯、菲律宾、墨西哥、加拿大、中国台湾、巴西为2010年数据；中国内地、荷兰和秘鲁为2009年数据。3. 中国内地数据来自世界知识产权组织网站。

综上而言，文化产业发展生机勃勃。从历史和现状来看，在后工业化的进程中，发达国家的文化产业已经成为国民经济的支柱产业，甚至成为国民收入的前三甲产业，已经进入生命的高潮阶段，而这一阶段将会稳定

---

① 数据来源：世界知识产权组织网站。

地持续较长一段时期。相比之前，我国文化产业发展速度较快，但是基数较低。尤其是从其对国民经济结构的影响来说，还处于发展的初始阶段，刚刚起步。在这样的背景下，通过研究文化产业的生命周期审视文化产业园区的发展周期就很有必要。

三 文化产业园区的生命周期研究

文化产业的发展是无数文化产业企业在空间上由分散到集中分布的过程。在这一过程中，文化产业经济活动进行快速的空间集聚与集中所形成的区域就是文化产业园区（集群）。文化产业园区（集群）的发展受到文化产业大形势的影响。[①]

根据文化产业的发展态势和特性，本书将文化产业园区（集群）的生命周期划分为形成阶段、成长阶段、成熟阶段、停滞阶段、衰蜕（衰落和蜕变）阶段五个阶段。

第一阶段——形成期（The Formative Phase）。

在文化产业园区（集群）的形成阶段，园区入驻企业/文化创业者较少。其规模、技术、人才等方面的异质性使得园区内知识、创意等有用信息的交流较少，互相之间出于"诚信"和"创意"的合作网络尚未建成，入驻企业人群之间的网络连接度低。因此，企业之间的知识溢出和传播较难形成，集群内学习机制的缺失使得企业知识的获取只能靠自身的不断积累。[②] 在这一阶段，集群内部园区服务及管理水平还不高，基础配套还不完善，研究、咨询等知识信息性辅助机构极度缺乏，知识共享机制还未形成，集群的整体创新能力不强。这个阶段还不能称为产业集群，还不是严格意义上的文化产业园区。在进一步发展中，如果园区政策不到位，企业合作关系难以建立，这个园区可能会因为过度分散化引发企业的离开从而倒闭。如果政府进行有效的引导和政策扶持，园区发展可能会进入快速发展阶段。

---

① 参见吕伟、赵佳佳、王娟《文化产业集聚区研究报告》，载《文化产业专题研究报告（上）》，社会科学文献出版社，2014年10月，第262页。
② 参见毛磊《基于生命周期理论的文化创意产业集群演化分析》，《科技管理研究》2010年第20期，第175页。

第二阶段——成长期（The Growth Phase）。

文化产业园区成长阶段最主要的特征是入驻企业不断增加，园区内文化从业人数不断上升。随着政府对文化产业园区扶持政策的实施，企业发展环境将不断得以改善，良好的软硬件环境有利于原有入驻企业的快速发展，从而形成示范效应吸引更多的同类企业入驻园区。① 外来同类企业入驻的同时，带来了外界新知识，促进了园区内外相关信息的相互交流，有利于园区内集群交流机制的形成。在这一阶段，企业之间的交流与合作不断增加，产业链条逐渐形成，园区整体创新能力得到逐步释放，产业效益逐渐凸显，文化影响逐步扩大。尤其是在这一阶段，园区发展逐步走上正轨，各项制度逐步完善，政府的扶持政策逐步到位，企业集聚合作效应逐步凸显，区内文化企业竞合关系更加明晰，并与区外销售主体形成良好的交互作用关系。整体而言，这一阶段，园区发展态势趋好，将成为区域文化与经济发展的新亮点。

第三阶段——成熟期（The Maturity Phase）。

在经历了快速成长阶段后，文化产业园区的增长速度会逐渐下滑，进入了一个相对比较稳定的发展时期。在这一阶段，园区的各项基础设施运转良好，大量的创意人才的加入及文化企业的入驻，使得园区内创意产业已成规模，为园区创新发展奠定了坚实的基础。入驻企业、各类工作室、相关研究机构等形成了良好的合作关系和竞争态势。整体而言，根植于园区的生产协作网络实现了良性循环，园区内部信息和资源流动畅通，各类组织已经构建成一个网络状的生态结构，尤其是研究、服务等配套机构运行顺畅，有助于形成复杂性多元化的创新网络。园区内产业连接度更高，社会分工更加专业化，盈利模式逐步成熟，园区发展渐成品牌，有了一定的社会效应和经济效益，区内文化产业步入相对稳定发展的成熟期。

第四阶段——停滞期（The Stagnation Phase）。

进入成熟期之后，园区的发展相对稳定，但是产业下滑趋势已经较为

---

① 参见毛磊《基于生命周期理论的文化创意产业集群演化分析》，《科技管理研究》2010年第20期，第175页。

明显。产业集聚的便利逐渐成为园区创新发展的桎梏，按部就班的工作和循规蹈矩的工作状态出现。基于原有的良好基础，尽管发展速度不高，创新不够，对于潜在的入驻者的经济吸引力严重降低，但是出于各种原因，伴随着一些企业迁出依然会有企业入驻，园区依然能够缓慢发展。如果没有得力措施，园区可能慢慢走向衰落，或者在某些外部危机的强力冲击下快速衰落，也有可能在新的政策措施等的刺激下，出现产业蜕变或者进入新的创新循环系统。

第五阶段——衰蜕期（The Petrify or Transformation Phase）。

如果在停滞期找不到合适的方向进行产业的提升，那么经过或长或短的一段时间后，文化产业园区会出现以下问题：园区内各类组织的增加使得文化企业的生产成本大幅上涨，市场拥挤和竞争使得生产协作网络的维护成本不断增加，以及企业创新能力减弱后导致的惰性和僵化现象使得园区内产业发展困难重重。这些问题的累积成为园区增长的巨大阻力，如果得不到有效疏导和治理，那么园区极有可能走向衰落，区别就在于衰落速度的快与慢。或者，通过有效的产业结构调整，根据市场发展的变化推动园区产业类型蜕变，使得现有的产业集群蜕变为另外一种产业集群，从而实现新一轮的生命周期发展。

第二节　文化产业园区生命周期分析

一　不同阶段文化产业园区的发展特征

（一）产业特征

文化产业集群在不同的生命阶段，由于发展形态的不同，其也具有不同的产业特征。形成期，主要表现为各类创意者、文化企业的散落化聚集，逐步发挥初创效应，渐渐形成区域主导产业，集群生物特性初显。成长期，随着文化产业链条的逐步延伸，辅助性产业和机构开始出现，上下游产业链逐渐形成，文化业态活跃。成熟期，文化产业集群规模稳定、主导产业与辅助产业比例关系合理，产业生态优越。进入停滞期后，集群创新能力逐步衰减，依托原有产业集群缓慢发展。进入衰蜕期后，产业发展方向不明，或是文化企业大量外迁导致园区衰落，或是出现新的产业因子加快园区内文化产业集群升级转型（见表2-2）。

表2-2　不同生命阶段文化产业园区（集群）产业特征

生命阶段	产业特征
形成期	结构单一、规模小、数量少
成长期	规模与数量迅速成长，辅助性产业和机构出现
成熟期	主导产业明确、产业结构合理、规模数量稳定
停滞期	创新乏力，集聚优势逐步减弱、企业外迁日益严重
衰蜕期	企业与人员规模和数量缩减、现有产业出现明显衰退或新的产业因子已经出现

（二）空间特征

空间是文化产业园区的物质承载体。根据产业的不同阶段特性及产业细分的要求，空间也会相应发生变化，其空间分布和组织形态也大不相同。空间形态服务与产业发展需要，同时对产业载体又形成一定的反作用。因此，在遵循文化产业园区发展规律的前提下，处于不同生命阶段的文化产业集群呈现不同的空间特征（见表2-3）。

表2-3　不同生命阶段文化产业园区（集群）空间特征

生命阶段	空间特征
形成期	点状分布，凌乱，企业间缺少联系
成长期	相近企业簇状聚集，空间布局逐渐丰满
成熟期	功能区形成，规模及界限稳定
停滞期	园区空间功能日益弱化
衰蜕期	企业的外流使功能区残缺，无关联企业进驻

（三）不同阶段文化产业园区的动力源特征

文化产业园的发展，是多种力量在特定空间和产业内共同作用下实现的。在不同的发展阶段，文化产业园区的驱动力和呈现形式不同。动力源包括政府（含园区管理者）、创意阶层、市场机制等多方面的力量。形成期，除了考虑租金、环境外，创意阶层自发集聚居多。进入一定规模的成长期后,园区发展逐渐引起政府关注,政府的引导力与市场作用逐步显现,成为园区发展的最重要动力。成熟期内,市场对于资源配置的作用更加强劲,政府宏观调控为主,创意阶层与园区管理者关系和谐。进入停滞期后,随着产业创新力的逐渐下降,园区内生产系统相对封闭,主要处于惯性运作。进入衰蜕期后,不同产业集群会面临不同的发展趋向:缺乏动力快速衰落或依托外界扶持缓慢衰退,或是创新动力源转型升级(见表2-4)。

表2-4 不同生命阶段文化产业园区(集群)驱动力特征

生命阶段	动力源
形成期	创意阶层
发展期	政府引导力加强,市场作用显现
成熟期	市场运作,政府宏观调控为主
停滞期	动力源缺失,惯性运作
衰蜕期	无动力衰落或出现新的创新动力源

文化产业园区的可持续发展具有一定的生命周期,呈动态分布状态。园区的核心竞争力和竞争优势随着产业创新而不断发展。因此,对于文化产业园区而言,其发展结果是复杂多样的。一般而言,呈现两大类。一类是随着产业集聚优势的丧失和外部因素的变化逐渐以死亡、衰落而告终。譬如当前的许多动漫园区,经过一阵虚热发展后逐渐消失。另一类是通过不断调整逐渐从现有的文化产业集群逐渐转变为另外一种形式的集群,甚至升级为另一种层次更高的文化产业集群。而第二类则是本研究的重点。主要从可持续发展的角度,探索文化产业园区发展的动力源,采取有针对性的措施保持文化产业园区的竞争优势,以延长其产业寿命,提升其生命质量。同时,创新思路帮助文化产业园区转变或升级到另外的集群从而做到可持续发展,获得更为长久的社会和经济效益。

文化产业的核心是"创新和创意"。随着文化产业的不断创新,园区的核心竞争力和竞争优势会持续保持并不断提升,从而实现园区的可持续发展。研究文化产业园区的生命周期,就是要以"可持续发展"为最终落脚点,通过研判产业园区生命周期中可能出现的各类风险,针对风险因素结合各个生命阶段的特性,建构可持续的文化产业系统。

二 文化产业集群发展方向

从一般产业集群生命周期理论的视角来看,文化产业园区在经历成熟期后会逐渐过渡到停滞期。在停滞期内,园区的发展会面临两种发展方向——蜕变、衰落。创意创新是文化产业不同于其他产业的重要区别和特点所在。通过创新,文化产业园区会形成不同于其他产业园区生命周期的第三种走向:通过创新刺激推动园区"返老还童",推动园区从停滞期重新回到成长期,从而实现"成长期—成熟期—停滞期—成长期"的周期循环发展(见图 2-2)。

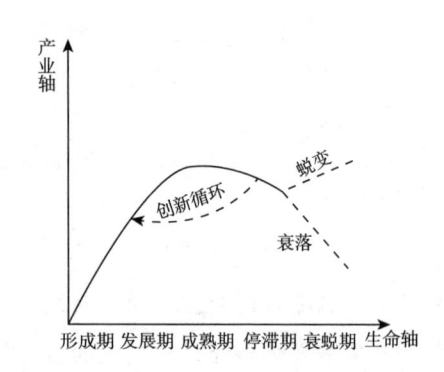

图 2-2 文化产业园区生命周期发展曲线

(一) 文化产业园区进入衰退期

从文化产业园区生命周期发展曲线来看,产业进入停滞期后一段时间,会逐步进入衰退阶段,部分园区会因为资本、政策等原因迅速衰落,被其他产业所代替。衰退的原因可能有以下几种:

1. 缺乏创新推动力

创新是文化企业不断发展的灵魂。如果文化企业失去了创新,其产品必然会在激烈的产业竞争中失去优势。文化产业园区的竞争很大程度上来自入驻企业的创新竞争力。根据文化产业的发展特性,在形成和成长阶段,小微企业及其创新是园区发展的主要推动力。因此,如果创新力不足,文化企业则不可避免地走向衰退,而作为文化企业集群的文化园区也是如此。园区发展中,企业的创新是其可持续发展的重要推动力,因此,营造有利于创新生成的文化环境是文化产业园区发展的重要选择。

2. 管理机制失效

文化产业园区通过某种产业链条将文化企业集聚在一起,需要形成有效的管理机制。在园区发展初期,企业数量较少,规模不大,制度环境相对宽松,内部创新动力强,政府及园区给予一定的扶持,企业发展迅速,园区发展平稳。随着企业的发展壮大和园区制度的不断完善,园区管理方、企业乃至政府之间的利益诉求逐渐凸显。一方面,完善的管理机制给入驻企业带来便利的同时,也会产生阻碍创新的条条框框。另一方面,管理的不当,使得三方利益无法得到有效的呼应,影响入驻企业及人群的向心力与士气。不合时宜的管理制度可能是文化产业园区走向衰退的原因。

3. 企业之间的同质化竞争

文化产业园区内部,理论上入驻企业应围绕一定的产业形成上下游关系的具有互补性的产业链条。但是,现实中,园区中企业同质化现象非常严重。因为借助企业集聚的学习效应,一家企业的创新很快会被其他同类企业学习和模仿,进而在市场上甚至园区内部产生更加激烈的竞争,直到出现竞相压价的恶性竞争,从而导致园区总体利润下降,企业关系恶化,生态群落不和谐,尤其是在相应的利益协调机制缺位的情况下,园区难以避免衰退的可能性。

(二)产业蜕变

蜕变是产业发展到瓶颈阶段之后文化产业园区一种自我升华的方式。在文化产业发展遇到瓶颈时,通过引入新型产业和其他产业,推动文化产业的融合发展,实现文化产业的融合式蜕变。在这种情况下,引入的产业资源尤为关键。在融合发展中,在保持原有文化集群性质不变的基础上,文化产业发展需要通过合理的模式与之进行有效的嫁接、融合乃至"融合后的再生",实现产业结构的升级。引入的产业因素和类型不同,文化产业园区会有不同的发展方向。

(三) 创新循环

相对于文化产业园区的蜕变与衰落，创新循环是文化产业园区最为理想的发展模式。在文化产业园区经历形成、成长、成熟阶段进入停滞期后，通过政策、资金、人才、科技等创新措施的推动，文化产业园区（集群）再次回到成长阶段，从而进入"成长—成熟—停滞—创新—发展"的多重循环当中。

新时期，"创新"将成为文化产业园区最重要的内生动力。文化产业园区内部创新的可持续性是园区生命周期延长的重要因素，创新所导致的一些可持续要素会推动园区集群的蜕化转变。如果重视培育"创新因子"，注重引导这些创新要素，文化产业园区则有可能在新的起点上得到可持续发展。而升级后的文化产业园区则在吸收原有集群优势的基础上，通过内容、技术、管理、营销等创新，会产生新的竞争优势，进而重塑核心竞争力，推动文化产业园区可持续发展，实现园区内文化产业层次不断地由低层次向高层次的提质增效升级，从而使产业集群达到新的循环。这是文化产业园区可持续发展的最佳状态。

因此，在循环发展中，要通过外部创新力量的强力冲击，将已经成熟的创意剥离出去，继续产业化发展。同时，以新的创新点为核心，加强产业孵化，使得园区整体回到"成长阶段"。在这个循环中，文化产业园区需要充分发挥孵化器的作用，通过各项软硬件设施和保障措施将"创新因子"有效地培养成为产业升级的动力源，推动现有文化产业跃迁到较高层次，实现新一轮的发展，继续成为区域文化营造和产业发展的推动力，实现文化产业园区的可持续发展。[①]

三 相关研究综述及研究出发点

(一) 相关研究综述

产业生命周期理论是从产品生命周期理论和企业生命周期理论扩展而来的。在推动生命周期理论发展过程中，国外学者做出了较大的贡献，有

[①] 参见冯年华《产业集群可持续发展过程与动力分析》，《南京晓庄学院学报》2007年第1期，第44~46页。

效地将这一严格的生物学概念嫁接并融入经济学范畴,从而有效地指导产品、企业、产业包括产业集群的发展。近年来,我国学者对生命周期理论的研究也在不断地深入。目前的研究主要分为以下两大类。

第一大类是对产业集群生命周期理论的探讨。

一是对产业集群生命周期本体的研究。付韬、张永安的《产业集群生命周期理论探析》、王丹的《产业集群生命周期发展研究》、雷小毓的《产业集群的成长和演化机理研究》、陈弘的《基于生命周期理论的产业集群发展模式选择》、敬慧颖的《基于生态学理论的产业集群生命周期研究》、张小梅的《基于产业集群生命周期的知识创新模型研究》等都从不同角度阐述了产业集群生命周期理论在不同领域的细化与发展创新,有效地推进了产业集群生命周期理论的研究。

这些研究基本遵循"文献梳理—产业集群生命周期阶段特征—风险因素分析—现实意义"的研究思路。研究方法上,手段多元。综合运用文献研究、案例分析、调查问卷等方法开展研究,尤其是对已有的研究文献进行了深入的梳理和,分析指出通过不同文献的对比,分析其中的异同与联系,从历史观察的角度探析生命周期演进的驱动因素,在实际调研的基础上,归纳产业集群生命周期的典型特征并进行系统化解释说明。在研究理论上,多采用演化经济学、新地理经济学、新古典经济学等理论对产业集群的成长及演化进行深入分析和探索。尤其是注重演化经济学在生命周期研究中的使用,深入探讨了产业集群在生命周期各个阶段的风险。在结论的实用性上,大多数研究都展示了政府和专业市场在集群生命周期各阶段应发挥的作用,并从不同角度为产业集群可持续发展提供了创新路径和政策建议。

二是对产业集群生命周期运行机制的研究。譬如张明龙、管仲章的《产业集群生命周期运行机理分析》,其从生命周期运行机制,分析指出产业集群与产业→企业→产品→技术之间存在着一种倒梯级制约关系,后者的生命周期决定前者的生命周期,从而形成产业集群生命周期运行的内部制衡系统。并提出,必须加强技术创新,突破主产品的技术限制,大力开发各类能够替代现有主产品的新产品,推动龙头企业不断壮大,积极带动提升产业园区的核心竞争力,从而有效地延长产业集群的生命周期。

又如，广东外语外贸大学的刘力、程华强在《上海经济研究》上发表的《产业集群生命周期演化的动力机制研究》。该文探讨了产业集群生命周期阶段与主导动力机制的关联方式与逻辑演绎，并构建了产业集群生命周期演化的动力机制模型，明确指出了区位指向、集聚经济、创新网络和锁定效应四个变量在动力机制模型中的基础作用。

三是关于可持续发展的研究。生命周期理论的意义就在于可持续发展。此类研究比较多，也是近年来生命周期研究的热点。孙湘、朱静的《基于生命周期理论的产业集群可持续发展研究》、潘慧明的《基于可持续发展的产业集群生命周期研究》、贾晓辉的《生命周期下产业集群对区域创新能力的影响研究》等都是其中比较有影响的研究论文。

这些论文着眼于产业集群的可持续发展，通过对产业集群生命周期相关理论的梳理，引入了产业集群可持续发展理论，构建了产业集群生命周期评价指标体系，阐述了各个生命阶段可持续发展风险和每一阶段可持续发展的必要条件，全面研究了影响产业阶段生命周期的核心要素，为产业集群的可持续发展提出了可行性建议。同时，还有一些论文以数理的方式，通过结合产业集群影响区域创新能力的研究，构建了以门限自回归模型为基础的产业集群生命周期划分模型和以生产函数原理为基础的产业集群对区域创新能力的影响模型，有效地拓展了生命周期理论的内容和应用价值。在此类研究中，实证研究是主要的研究方法。大多数研究者通过集群识别选取了长三角、珠三角等经济发达地区的特色产业集群作为实证研究对象，通过成功经验和实证结果的对比结合，为产业集群的可持续发展提供了有力的理论支撑和指导。

第二大类是从产业集群生命周期的角度来分析具体产业的发展情况。

一是非文化产业集群方面的研究。

譬如吕建黎在《科技信息》发表的《基于生命周期理论的江苏医药产业集群竞争力分析》、骆文达的《基于生命周期理论的民营企业产业集群竞争力研究——兼论提升泉州民营企业产业集群竞争力的对策》等文章，都有创新和研究的借鉴意义。

段丽丽的《基于生命周期理论的物流产业集群发展研究》从物流产业集群内涵着手，剖析物流产业集群生命周期的内在因素——"向心力"

和"离心力"及在其作用下的演化过程；重点研究集群区域自然条件、集群区域经济水平、集群基础设施水平、集群内企业集聚和发展水平、集群文化对应的特征指标。作者以企业数量、从业人数、税收额度为核心指标，分析了物流产业产生—成长—成熟—衰退各个阶段的生命特征，通过"Logistic 回归"模型探讨集群的发展趋向，同时从政府、企业、相关机构三方面分阶段提出推进物流业可持续健康发展的策略。

此外，还有陈国宏等《基于 CA 的产业集群生命周期模拟分析》、金荣灿的《基于生命周期理论的台州船舶工业集群升级路径研究》、聂淼的《基于生命周期理论的农业产业集群发展战略研究》等文章。这些文章都是在产业集群生命周期理论的框架下研究不同产业自身的发展战略，力求寻找到能够指导产业集群可持续发展的理论路径和可供借鉴的成功案例。

二是生命周期理论下文化产业集群方面的研究。这些研究涉及政府的文化职能、单个园区的优化策略、区域文化产业集群的形成机制、文化产业集群与城市经济发展等多个方面。

西南财经大学的贾强在《基于旅游产业集群生命周期理论的政府职能研究》一文中提出政府需要充分发挥调控和服务功能，确保旅游产业集群的健康发展。他指出，在旅游业基础形成阶段，政府应该设置专业机构服务旅游产业集群，为其发展制定有针对性的高效的优惠政策。在集群成长期，政府需要切实通过文化金融合作，帮助企业融资，为集群内企业解决人才问题。待旅游业集群进入成熟期后，政府需要进一步发挥宏观调控作用，引导集群内企业建立协会组织，实行专业化分工和社会化大生产。

哈尔滨工业大学的周景在《产业集群生命周期视角下的华侨城创意园优化策略研究》一文中以产业集群概念及其生命周期为研究起点，围绕华侨城文化产业集群的发展与演化展开，按照"基础理论—创意产业集群生命周期分析—华侨城创意产业集群的发展趋势分析—优化策略分析"的研究思路，对华侨城文化产业集群生命周期及其发展趋势进行分析，对其发展路径进行了预测。该研究的亮点之处在于在产业集群生命周期理论的指导下，从新地理经济学的角度，从产业构成和空间布局的角度对华侨城创意园的未来发展提出相应的优化策略。

长江师范学院的刘军林在《城市经济发展水平与产业园区生命周期问题研究》一文中对产业园区进行了混合型、专业型分类并阐述了其不同的生命周期特征。他认为，产业园区的生命周期长短和生命质量受到园区定位、产业规划、城市经济水平等多种因素的影响。探索二者之间的关系，有利于在更大的环境内判断产业园区生命周期发展的外部因素，从而为产业园区自我提升提供一定的可行性方案。

陕西师范大学的郭晶在《生命周期视角下西安市文化产业区域集聚类型与机制研究》一文中将生命周期理论与经济地理学进行了有效嫁接。她通过生命周期曲线的相关定量研究分析了西安市文化产业集群发展的历史周期，对其未来发展做出了一定的预测。

毛磊在《基于生命周期理论的文化创意产业集群演化分析》一文中运用生命周期理论，较为详细地分析了文化创意产业集群演化的各阶段特征。通过分析文化企业在产业集群生命周期各阶段内的竞合关系，运用Kolmogorov种群相互作用模型探讨集群稳定共生发展的相关条件，为文化产业集群在生命周期各阶段持续发展提出了一定的对策建议。

以上这些研究为本书的研究打下了坚实的基础，提供了重要的理论基础和研究范式。特别是将"产业集群生命周期理论"作为学术框架研究文化产业集群或者园区问题，为本书的研究提供了重要的研究方法和思想路径。通过历史研究的方法将文化产业园区（集群）的发展放置于"生命周期"的时空内，分析其不同阶段的特征与需求，形成具有针对性的研究成果和建议，突破了现有产业集群研究的"就一说一"的狭隘视角，使得文化产业集群的研究更加具有整体观，为未来可持续发展提出的建议也更有历史借鉴性。

（二）当前研究的缺失

尽管围绕生命周期进行探讨的文章不少，但是就文化产业的发展来看，目前对其生命周期的探讨还不多。尤其是对文化产业园区（集群）、文化消费等方面的探讨还存在一定空白。随着文化产业园区的进一步发展，生命周期现象会更加明显，而理论方面的研究将显得尤为必要。就现有的文化产业相关研究来看，存在以下几方面的不足。

（1）基于文化产业双属性的研究力度不够。现有的有关文化产业集群生命周期的相关研究成果，都是从经济学、产业学角度出发，忽视了文化产业的文化属性和意识形态属性，文化产业集群的生命周期中，不可避免地要与公共文化服务和城市文化建设结合起来。产业的生命周期与作为文化形态的生命周期存在不同步的现象。

（2）宏观研究较多，中观、微观的研究较少。特别是在目前大多数园区发展走下坡路、盈利模式不明晰的情况下，加强对典型园区生命周期的研究，探索园区迅速成长的各种动力源，寻找园区衰落的原因，为园区的可持续发展提供指导意见具有极其重要的意义。

（3）对文化产业园区（集群）生命周期的探讨更多的是集中在文化产业领域内，与当下新型城镇化、社会主义文化强国战略、社会经济"新常态"等时代新变化、新要求结合不够。

（4）对文化产业园区可持续发展的趋向研究不够。当前，已有不少学者从生命周期的角度探讨文化产业园区各阶段的发展态势，但是对园区成熟期后蜕变升级或衰落的路径研究不够，尤其是对园区生命周期逆向发展多元竞合的研究还不够深入。

（三）本研究的出发点

近年来，随着文化产业的快速发展，我国文化产业园区发展遭遇瓶颈，多数园区因为产业链条不完善、同质化竞争等多种原因逐渐衰落，沦为房地产或是"空巢园区"，偏离了文化产业园区发展的主轨道，形成了两种明显态势：一种是无法可持续发展，早早衰落或转型；一种是虽然还在发展，但是创新驱动力不强，园区内部活力不足，产业发展现状不稳定因素增多，可持续发展的风险增加。整体而言，相比于国外文化产业园区的发展，我国文化产业园区存在着生命周期短、生命质量不高的现象，尤其是近几年一些被树为典型的大型文化产业园区发展也呈现下滑趋势。

2014年，国家提出了文化产业的提质增效升级，对于文化产业园区而言，要提质增效升级就要从其源头入手，分析其发展的各个阶段特征和影响因素，针对不同时期的发展情况做出相应的调整，尽可能地延长文化产业园区的发展周期，尤其是延长成熟期的时间，推动文化产业园区尽可能充分地释放产业潜力，输出文化能量，成为区域文化经济发展的重要动力。

因此，本书将以文化产业园区（集群）的生命周期理论为主要切入点，通过对中韩两个知名文化产业园区生命周期的对比研究，深入分析其发展历程、驱动因素和未来可持续发展面临的风险问题，探讨文化产业园区生命周期发展的不同路径和经验教训，以国外的典型案例为榜样，试图通过从"特殊"到"一般"的抽象凝练，为我国文化产业园区（集群）的优化发展提供借鉴，为文化产业园区（集群）的可持续发展提供有价值的建议。

第三章　北京 798 艺术区生命周期研究

当前，北京拥有宋庄、芳草地等知名的艺术区，其中，北京798艺术区最为知名，也最具有代表性。2009年以来，随着部分知名艺术家的外迁及园区内产业结构的变化，外界对北京798艺术区的发展质疑声越来越大，不少媒体甚至提出北京798艺术区已经衰落，沦为纯粹的商业区。根据国际文化产业园区的发展经验，大多数艺术区在历经产生、发展、成熟等生命周期后都会面临新的发展方向，或是衰落或是转变为另外一个产业集群。北京798艺术区的发展是中国现代艺术及艺术产业的典型代表。在国家文化大发展的现实语境下，在艺术与商业的博弈中，北京798艺术区的发展既是中国当代艺术产业关注的重要话题，也是国家艺术形象构建的重要案例。本章将通过梳理北京798艺术区的发展脉络，分析其生命周期，探索其兴衰成败的影响因素，并从历史中寻找未来发展的迹象和走向。

第一节　北京 798 艺术区生命周期各阶段分析

北京798艺术区位于北京的东北部，介于四环和五环之间，被酒仙桥北路、酒仙桥东路、酒仙桥路和将台路四条道路紧密包围，总占地面积60多万平方米，建筑面积23万平方米，其行政管辖归属北京市朝阳区酒仙桥街道办事处。

就交通而言，北京798艺术区的地理位置比较偏僻，其所在地曾经是一组繁忙的军工生产联合体——718联合厂。718联合厂于1957年建成投产，在当时它是中国最现代化的工厂。经过10余年的生产，为便于管理，718联合厂分解成几个小的生产单位：706、707、751、761、797和798

厂。这是"798"厂作为独立单位时期的开始。厂区内建筑布局比较统一规范，区内道路呈矩形排列。最有特色的是厂区内保存有由民主德国专家帮助设计的包豪斯建筑，其锯齿状的厂房、宽敞明亮的空间极具视觉冲击力。保存得如此完美的经典包豪斯建筑，在亚洲是极为罕见的。这也是许多艺术家和游客慕名而来的重要原因。2004年以来，德国总理（施罗德）、奥地利总理、瑞士首相、瑞典首相、欧盟主席（巴罗佐）、法国总统希拉克夫人、比利时王妃等都先后参观访问过北京798艺术区。施罗德在参观北京798艺术区时感叹："几十年前的包豪斯建筑在德国都很少发现了，今天居然在北京存在，真是太难得了！"比利时王妃则花了几万美元购买了艺术品。[①]

从交通不便的废旧老工厂到成为世界知名的艺术区，北京798艺术区经历了一个不断发展变迁的过程。关于北京798艺术区发展阶段的划分，不同学者也有不同的观点。纵观北京798艺术区的发展过程，根据入驻机构的特征、重大标志性事件以及管理、政策变化等因素，本书将北京798艺术区的发展分为形成期（1995～2002年）、成长期（2003～2006年）、成熟期（2007～2008年）和停滞期（2009年至今）（见表3-1）。

表3-1 北京798艺术区发展阶段一览

时间	1995～2002年	2003～2006年	2007～2008年	2009年至今
生命周期	形成期	成长期	成熟期	停滞期

一 形成期（1995～2002年）

艺术的创新离不开社会的发展，艺术区的形成同样离不开中国社会的大环境。北京798艺术区的萌芽似乎是一个偶然，但是偶然的背后隐藏着时代的必然。

（一）北京798艺术区的发展脉络（1995～2002年）

20世纪80年代初，国家为了把发展重心转移到经济建设上来，调整

---

① 参见《前世今生——798艺术园区》，爱艺网，2015年10月9日。

了国民经济发展计划，一些产业受到较大冲击，其中就包括电子元器件产业。随着产业结构的调整，在缺少政府支持的情况下，包括798厂在内的联合厂逐渐走向衰落。到了20世纪90年代初，大多数的二级厂关闭，60%的工人被裁员。[①] 1994年开始国有企业的下岗分流，加剧了厂区的衰退，更多的厂房被闲置出来。虽然作为工厂的798厂已经没落，但是为艺术的"798"创造了历史条件，点燃了星星之火。

随着改革开放，国门打开，中国的艺术界获得了新生。一方面国内的艺术家日益感触到了国外最新的艺术趋向，与国际主流艺术思潮逐步融合；另一方面，国内的艺术氛围也更加自由和包容，不同流派的艺术家可以自由创作和表达。这一时期以先锋派为代表的当代艺术开始在中国蓬勃发展。许多的艺术家，特别是北京的艺术家开始为自己的创作寻找合适的空间。

一个偶然的契机终于使得作为工厂的798厂进入了艺术家的视野。1995年，中央美术学院由王府井旧址准备迁入朝阳区望京花家地新址。在迁入之前，中央美术学院的师生暂时落脚在离新校园不远的大山子北京电子器件二厂。其间，中央美术学院雕塑系受北京市政府委托，计划制作卢沟桥抗日战争纪念群雕。现有的工作室空间太小无法满足群雕的创造需要。时任雕塑系副主任的隋建国就开始寻找更大的空间。当时他看到器件二厂对面的798厂由于生产转型有很多闲置的库房，就以每天每平方米3毛钱的价格租了3000平方米的仓库作为雕塑车间。随后不少中央美术学院教师也开始陆续入驻798厂建立自己的工作室，成为进驻798厂的第一批艺术家，而他们进驻的原因主要是798厂环境安静，空间够大和价钱便宜。

2000年，中央美术学院正式迁入新址，要求所有教师的工作室都取消。不愿意关闭工作室的隋建国教授自费租赁了80平方米的房间继续创作。2000年底，原700厂、706厂、707厂、718厂、797厂、798厂6家单位整合重组为北京七星华电科技集团有限责任公司。由于进行了资产组合，大量的厂房被闲置下来，七星集团开始将厂房对外出租。这就为艺

[①] Wikipedia, "798 art zone", http：//en.wikipedia.org/wiki/798_Art_Zone.

家的大量聚集创造了良好的条件。

2002年初,当代艺术家黄锐在798厂策划成立了名为"东京艺术工程"的画廊。此时,798厂的租金已经涨到0.65元/平方米。当年10月,艺术家徐勇租用了1700平方米的厂房,并将其改造成为一个巨大的展览空间,取名为"时态空间"。作为当时798厂内最大的展览空间,它赋予了废旧厂房一种新的诠释——艺术空间。此后,各类工厂旧址式的画廊、展览空间和艺术家工作室在798厂建立起来。随着由老厂房改造而来的画廊和工作室的小批量地诞生,798厂逐渐形成了一定的集聚效应。

之所以把这一阶段作为北京798艺术区的形成时期,首先是因为从2001年起比较知名的艺术家和机构开始入驻北京798艺术区。截至2002年底,艺术及商业机构(包括个人艺术工作室)达到80多个。北京798艺术区不仅形成了以艺术家工作室为主体的结构形态,而且形成了自身不断发展壮大的机制。这种形态的形成,既与时代背景有关,也与艺术机构内在的特质有关。

这一阶段的发展虽然是因为缺乏创作空间而做出的无奈之举,但是就北京798艺术区的发展周期而言,却点燃了后期快速发展的星星之火。自从隋建国教授第一个入住后,于丹、刘索拉等艺术家也循迹而至,并逐渐吸引了一小部分艺术爱好者聚集于此。这一时期,北京798艺术区还没有成为大众所熟知的包含某种特殊意义的事物的代名词,当时的它只不过是圈内人的一个地标。[①] 更重要的是艺术空间的缺失和北京798艺术区充足的空置厂房的首度融合发展,为后期艺术家的入驻提供了一个范本和模型,也为北京798艺术产业集聚区的发展打下了良好基础。

综上所述,北京798艺术区的最初萌芽看似是一个偶然,但是偶然中存在着必然。从宏观角度看,艺术的发展,离不开大的社会背景,受中国整体经济发展的影响。北京798艺术区之所以能在20世纪90年代开始萌芽,大的时代背景是国家宏观经济调整,以718联合厂为代表的

[①] 参见《北京798艺术区的发展模式及其4个发展时期》,http://news.timedg.com/2013-09/27/14123493.shtml。

旧的国有企业逐渐衰落，为新兴产业腾出空间。另外，当代艺术在中国蓬勃发展，急需寻找适合自己发展的空间。这两者终于在某个时间点在北京798艺术区这个区域找到了契合点。从某种角度上讲，798旧工厂的衰落和北京798艺术区的产生正是中国漫长的社会经济转型的一部分。从微观角度看，地理位置和房租是催发北京798艺术区的直接因素。而安静的环境、宽敞的空间、廉价的房租都为艺术家迁入设立个人工作室提供了非常有利的创作条件。在这其中，房租是一个重要的决定性因素。

从后续研究中可以清晰地看到，房租在北京798艺术区的发展转型中始终是一个重要的影响因素，是北京798艺术区转型的直接催化剂，也是引起众多纠纷争议的直接根源。

（二）发展背景因素分析

在1995~2002年短短八年间，北京798艺术区从一个默默无闻的废旧老厂房转变成一个小有名气的艺术园区，其发展历程中有两个很重要的因素：全球艺术品交易市场的繁荣和各类艺术会展活动的兴盛。

1. 艺术品交易市场的繁荣

2001年有两个比较重大的事件与北京798艺术区的形成密切相关。一是2001年、2002年中国艺术品市场突然急剧升温，特别是古代和近现代书画成交价至少提高了两三倍，好的瓷器也提高了一倍以上。[①]

2000年之前，我国艺术品市场还处于起步阶段，全国艺术品拍卖最好的一年成交额还不到4亿元人民币。2001~2005年，艺术品拍卖实现了跨越式发展，拍卖额出现了递增式增长。据不完全统计，在这五年中，国内艺术品拍卖企业的总成交额达到了246.7亿元人民币。这一阶段，全国艺术品市场交易额如图3-1所示。中国艺术品市场的快速发展引起了全球艺术品销售商的关注，令世人瞩目。

国内艺术品市场的繁荣，刺激了国内投资者对包括当代艺术在内的艺术品的收藏需求，同时也催发了更多的艺术家设立自己的工作室，以创

[①] 参见尧小锋《继股票房地产投资热之后——中国正在形成艺术品收藏投资热》，《艺术市场》2004年第8期，第9页。

作、展示、推销自己的作品。

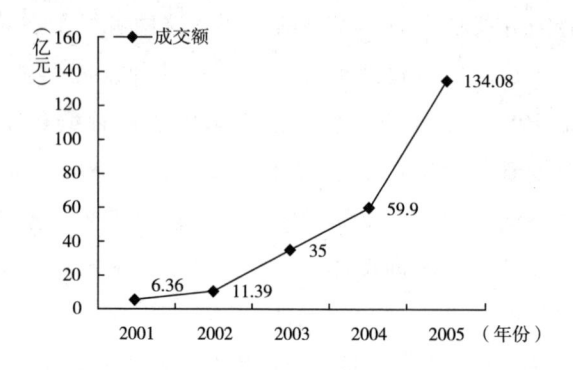

图 3-1 2001~2005 年全国艺术品市场交易额

注：参见《中国艺术品拍卖市场综述》，该数据以中国书画、瓷器和油画三类艺术品为统计基础，http：//www.gs.xinhuanet.com/gansushuhua/2006-06/08/content_7207143.htm。

2. 艺术会展的兴盛

除了中国入世和艺术品市场的繁荣等外部因素，区内艺术机构自身的努力，特别是成功举办的各种当代艺术展，也是推动北京798艺术区知名度大幅提升从而吸引更多艺术家入住的直接因素。

2002年10月，由冯博一担任策划的东京艺术工程首展"北京浮世绘"在北京798艺术区揭幕。展览中，艺术家用作品描绘了他们眼中北京的"浮世"和"浮生"。黄锐以"新北京"的《购物八景》演绎了当时中国在购物消费上的新时尚。盛奇借助杨贵妃《故地重游》对城市化建设中出现的各种弊端进行了批判。马晗的《城市地图》通过大量的摄影图片表达了现代都市中人性、灵魂的迷失和冲突。

"北京浮世绘"展览非常成功，有效提升了北京798艺术区的艺术影响力，许多参加展览的艺术家开始被北京798艺术区区域内独特的物理空间和精神气质所吸引，纷纷寻找在此租用空间的可能性。马晗在参加完展览后便以每月0.6元/平方米的价格租用了一个120多平方米的空间。摄影师徐勇总共租用了1700平方米的厂房，并把它改造成为著名的"时态空间"。此时的北京798艺术区已经靠艺术家的努力，形成了一条滚雪球式的良性发展机制：成功的展览—吸引艺术家入驻—艺术家举办展览成功—吸引更多的艺术家入住。这一闭环式发展为北京798艺术区的成长奠定了坚实的基础。

二 成长期（2003~2006年）

2003年，北京798艺术区进入一个快速发展时期。当年，美国著名的《时代周刊》评选了全球22个最有文化标志性的城市中心，北京798艺术区位列其中。同时，也正是因为北京798艺术区的存在，《新闻周刊》也第一次将北京评为年度12大世界城市之一。北京798艺术区在世界范围内声名鹊起。

这一时期，入驻北京798艺术区的艺术机构数量继续以较快的速度增加。相关资料显示，到2005年末，共有一百多位艺术家和三百多家私营艺术机构进驻北京798艺术区。北京798艺术区在国际的知名度也逐渐提高。在这一时期，有三个标志性的事件代表了北京798艺术区发展的成就。

（一）拆迁危机

从20世纪90年代末起，伴随新中国成立以来福利分房时代逐渐结束，中国开始进入住房商品化时代。发掘交通便利价格便宜的地块进行房地产开发成为房地产商的重点工作目标。面积广阔、区块完整而又价廉物美的798厂旧厂区自然成为"推倒重建"的理想区域。根据有关方面的规划和产权方的建议，计划在798厂一带拆迁建设电子产业园区，克隆中关村发展模式，在北京东北部再建一个电子工业与电子贸易的集聚区。北京798艺术区的生存面临着巨大的考验。"拆与不拆"成为艺术家与产权方博弈的核心议题。

清华大学美术学院雕塑家李象群恰巧也在2003年以30万元年租金的价格，在"仁俱乐部"西侧租下约1000平方米的一栋四层小楼作为创作和教学的空间。2004年2月18日，当选本届北京市人大代表的李象群代表艺术区的200多位艺术家向北京市人大提交了一份名为《718联合厂地区保护与开发的议案》，主旨是建议北京市政府保护这样一个具有重大历史意义的建筑遗址，保护正在发展中的新文化产业区。

李象群认为，北京798艺术区作为一个蓬勃发展的艺术聚集区，如果保持这样的态势，有可能发展成像美国SoHo那样的艺术核心区，即"艺术 CBD",成为中国当代艺术的浓缩点,能潜移默化地影响中国未来的新艺术、新文化,其价值远胜于"中关村第二"。①

在这个历史的十字路口,有关拆迁的争论逐渐白热化,引起了北京市朝阳区政府乃至北京市政府的高度关注。2004 年北京 798 艺术区的拆迁计划被暂时搁置。时任北京市委书记的刘淇以及市长王岐山等先后视察了北京 798 艺术区。当年 7 月北京市做出决定:艺术区暂时不要动。

(二)"再造 798"与大山子艺术节

随着各种艺术形式的进入,北京 798 艺术区的影响力越来越大。北京 798 艺术区内艺术家们不甘于偏居一隅,他们有强烈的向社会表达自己的创作思想的冲动。2003 年举办的名为"再造 798"的大型活动引起了极大的社会轰动,当时纷至沓来的两三千名观众也成为日后对北京 798 艺术区口口相传最好的群众基础。

2003 年 4 月由艺术家黄锐和徐勇发起组织的"再造 798"活动,虽然名称还不叫艺术节,但是已经具备了艺术节的大部分特征。活动包括各类当代艺术展和各个艺术机构、工作室的开放活动。"再造 798"持续了一周多,在 4 月 13 日开幕当天,吸引了圈内圈外 2000 多名观众参加,许多媒体也进行了报道,使得北京 798 艺术区名声大震。

"再造 798"的成功,激发了艺术家举办艺术展览的热情。例如,当年 5 月徐勇、黄锐就发起以抗击"非典"为主体的"蓝天不设防"艺术展,8 月冯博一策划了中德文化艺术展。2004 年为了扩大北京 798 艺术区的影响力,黄锐和徐勇在"再造 798"活动成功的基础上,策划举办艺术节。2004 年 4 月 24 日,第一届大山子国际艺术节隆重开幕,并在以后成为北京 798 艺术区最重要的艺术展示活动。②

大山子艺术节的成功可以说是北京 798 艺术区发展的一个转折点,它使北京 798 艺术区从一个艺术圈内的集聚区成功拓展为一个社会的艺术区。拆迁危机暂时缓和之后,2005 年第二届大山子国际艺术节再次成为

---

① 参见孙立雯《骤变 798:后工厂的艺术号角(2001~2007)》,湖南美术出版社,2010,第 62 页。
② 参见周岚《798 艺术区的社会变迁》,中国轻工业出版社,2012,第 134 页。

艺术界关注的热点。在中国当代艺术界，北京798艺术节的存在有着不可磨灭的社会意义，也产生了不小的经济效益。

(三) 文化创意产业园区的设立

2005年底，北京市委九届一次全会做出大力发展文化创意产业的重大决策。会议提出"要着力抓好文化创意产业的发展，使之成为首都经济未来发展的重要支柱之一"。随后北京市成立了推进文化创意发展领导小组。时任中共中央政治局委员、北京市委书记刘淇强调要着力抓好一批文化创意产业发展园区，重点扶持影视业、出版业、演出业、艺术品经营业、动漫与网络游戏业6个行业中心。在市级政府规划中，艺术产业园区已经成为北京文化创意产业发展的重点领域。

2006年初，北京798艺术区正式被朝阳区定位为"文化艺术创意产业园区"，3月，朝阳区政府成立了北京798艺术区建设管理办公室。2006年12月14日，在首届北京国际文化创意产业博览会上，北京市文化创意产业领导小组办公室正式认定北京798艺术区为"北京市第一批文化创意产业集聚区"。这标志着北京798艺术区正式被纳入北京市文化产业重点发展的文化项目名录，也标志着北京798艺术区正式从自发发展的状态进入政府规划发展的新阶段。

在这一时期，北京798艺术区内艺术机构的数量迅速增加，同时艺术家们自发组织了许多有影响力的展览和艺术节，进一步提升了北京798艺术区的知名度。另外，在拆迁问题上，通过政府的介入最终解决了北京798艺术区的生存危机，并为北京798艺术区正名，从此北京798艺术区进入了另一个发展阶段。

三 高潮期 (2007~2008年)

2007年左右，北京798艺术区进入历史发展高潮时期。在这个时期，北京798艺术区继续保持形式上的繁荣，知名度越来越大。至2008年1月，包括各种艺术家工作室、动漫、影视传媒、新闻出版、设计策划等在内的共400余家各类文化机构入驻北京798艺术区，其中不乏来自英国、法国、荷兰、德国、澳大利亚、日本、韩国、中国香港和台湾的艺术家和艺术机构。根据2007年美国CNN调查，北京798艺术区已经成为仅次于长城的外国人来京的第二目的地。[①]

由黄锐和徐勇组织策划的北京798艺术节继续进行，但是与之前完全由民间自发举办不同，从2007年起，政府参与进来。艺术区建设管理办公室明确表示将为2007年的北京798艺术区提供服务和协助，但不会干预艺术节的学术性。政府的支持特别是在媒体宣传方面的支持无疑扩大了艺术节的影响力，从而提高了北京798艺术区的知名度。

北京798艺术区举办的历届艺术节见表3-2。

表3-2 北京798艺术区历届艺术节一览

时间（年份）	事件	组织者/策划人	性质
2004	首届大山子艺术节	黄锐、徐勇等	民间自发
2005	第二届大山子艺术节	黄锐	民间自发
2007	北京798艺术节	艺术管理办公室	半政府
2009	北京798艺术节	艺术管理办公室	政府全面接管

2008年北京奥运会的举办大幅提升了北京798艺术区的知名度。当时北京市政府把北京798艺术区列为奥运期间重点旅游接待单位。短短的十多天里，数十位国家元首和数不清的国外运动员来到这里参观，使得北京798艺术区名扬海外。这期间，媒体报道中的北京798艺术区极为正面，多数是介绍北京798艺术区怎么从一个旧工厂转变成为闻名遐迩的艺术聚集区。例如央视专门制作了一个名为《798》的5集纪录片，2007年12月3日在CCTV10首播，详细介绍了北京798艺术区的历史变迁和北京798艺术区里的艺术家们。

在这一时期，随着知名度的提升，其房租也直线上升。与北京798艺术区知名度越来越高，艺术机构纷纷争相进入形成鲜明对比的是，一些优秀的艺术家，甚至是北京798艺术区的早期入驻者也开始纷纷离开北京798艺术区。

---

① 参见李伟东《从798艺术区看城市文化空间的成长与功能》，《绥化学院学报》2010年12月第6期，第139页。

四 停滞期（2009年至今）

2009年的全球金融危机极大地影响了国际艺术品市场。我国艺术品交易市场也不可避免地受到冲击。当年，北京798艺术区的不少画廊倒闭关门，展览的交易额度急剧下降，艺术品拍卖市场出现危机，展示空间里门可罗雀。实际上，金融危机只是北京798艺术区发展进入瓶颈期的一个导火索。在全球金融危机的冲击下，许多隐藏的矛盾和问题在北京798艺术区逐渐暴露出来，主要集中于两个方面：一个是租金的高企，另一个是商业元素的增加。

（一）房租的高企

随着北京798艺术区知名度的不断提高，越来越多的艺术机构及商户嗅到了巨大的商机，市场机制下的供需关系，需求大大增加而供给不变导致房租上升。2006年，北京798艺术区的租金已经涨到了每月2元/平方米。经过转租，部分优势地段的租金可以达到4~5元/平方米。这个价格已经和市中心一些写字楼的租金价格相近。[①] 之后，北京798艺术区的房租逐年递增。2009年金融危机后，为了刺激经济发展，政府的4万亿投资大量进入房地产行业，造成了房地产业的繁荣和房租的暴涨。2009年之后，北京798艺术区部分厂房租金直逼10元/平方米。

房屋租金的高企明显超过了一些艺术家的承受范围，不少热门工作室纷纷搬离北京798艺术区，重新寻找租金低廉的新空间。

（二）艺术机构结构发生变化

在这一阶段，纯粹的艺术家已经无法承担北京798艺术区的日常开销而陆续搬迁。同时，随着旅游人群的增多，一些餐饮、休闲、娱乐机构以及商贩大规模进入。此时的北京798艺术区原本的创作产出能力急剧下降，而本身产品质量的参差不齐也严重地影响了北京798艺术区这个符号品牌。北京798艺术区知名艺术家数量变化见图3-2。

---

① 参见《798的前世今生和未来》，http：//www.china.com.cn/culture/txt/2008-12/22/content_ 16988559. htm。

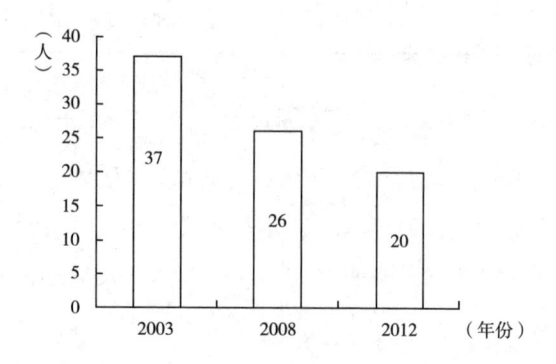

图 3-2　北京 798 艺术区知名艺术家数量变化

由于各种原因,一方面不少入驻艺术机构离开了北京798艺术区,同时其他艺术机构依然千方百计地希望进驻北京798艺术区。由于入驻机构成分的变化,区内艺术产业的结构也随之发生了很大的变化。用北京798艺术区管理办公室主任张国华的话描述,2006年之前的北京798艺术区是大量的艺术家自发聚集的阶段,许多艺术家前来北京798艺术区设立工作室、艺术室、画廊。2006年以后,北京798艺术区的知名度越来越高,已变成展览展示的中心。大量艺术机构进驻北京798艺术区,艺术机构与艺术家签约,北京798艺术区变成了一个为艺术家作品提供销售的平台。2010年北京798艺术区业态见表3-3。

表 3-3　2010 年北京 798 艺术区业态一览

类别	数量（家）	经营内容	占地（平方米）	营业额预计（亿元）
文化艺术	178	画廊、工作室	12万	5
创意	170	影视传媒、设计咨询等	4.6万	2.5
旅游服务	51	咖啡厅、酒吧、创意店	1.9万	0.5
合计	399		约23万（含其他用地4.5万）	8

资料来源：国家发改委关于"十二五"调研北京798艺术区的发言稿。

2014年10月30日,CCTV在《朝闻天下》栏目播出了名为"北京798艺术区是艺术区还是商业区?"的报道对北京798艺术区里越来越多的商业化因素提出质疑。

关于北京 798 艺术区内商业化因素增多的问题，笔者采访了区内一些游客和艺术机构。游客的态度是，虽然反对商业机构无限制发展，但是也反对禁止区内商业机构的发展。受访的艺术机构表示反对把商业化和艺术发展割裂开来。他们认为虽然区内商业化因素增多了，但是区内艺术品的水准相比以前也大大提高了。商业化和艺术化是相辅相成的，商业竞争导致的优胜劣汰，促进了北京 798 艺术区艺术水准的提高。

这一阶段中，到底是北京 798 艺术区已经完全衰落为一般的商业区，还是在产业升级和多元化经营中进行蜕变，目前下结论还为时过早。

第二节 北京 798 艺术区生命周期演进驱动因素分析

短短二十年时间，北京 798 艺术区就迅速地进入了产业发展瓶颈。纵观北京 798 艺术区的发展史，可以看出经济因素、政府治理以及艺术主体的选择等要素对其发展演进起到了重要的作用。

一 经济环境

（一）时代的影响

把北京 798 艺术区的变迁放在历史发展的长河中看，它的发展和中国经济社会的发展紧密相关，是中国经济社会发展的一个缩影。改革开放三十多年来，中国经济正从计划经济向市场经济转变，这一转变到今天仍在进行之中。中国政府提出的目标是建设有中国特色的社会主义，中国特色的社会主义经济体制既不是过去那种政府主导一切的体制，也不是西方那样的完全由市场主导的体制。市场和政府同时起着重要的作用，从北京 798 艺术区每一个重要的历史发展阶段，都能看到时代特征的影响以及政府、市场机制的影响。

北京 798 艺术区能从一个电子工厂变成未来孵化中国最著名的艺术区的根本原因是，由于在 80 年代末政府调整经济政策，电子元器件工业失去了政府资金支持，同时 90 年代中期的下岗分流，使得原来的 798 工厂群雪上加霜，许多工厂停产，导致了大量的厂房库房闲置；在 90 年代的经济低潮期，工厂管理者为了生存不得不将厂房仓库廉价出租，这些廉价宽敞的空间为艺术家提供了良好的创作土壤。

2001年艺术品市场的繁荣以及中国加入世贸组织是北京798艺术区形成的重要因素。90年代下半期，中国经济度过了下岗分流的低谷，重拾上升势头，中国股市迎来连续5年的牛市，并在2000年上涨50%以上。艺术品市场也在2001年突然迎来繁荣，市场对于艺术品的追捧，刺激艺术家们开设自己的艺术工作室。2001年中国加入WTO，加速了中国的艺术品市场与国际接轨，国外一些艺术机构和艺术家敏感地嗅到了中国当代艺术这块价值洼地，纷纷到中国寻找立足点。2000～2012年中国艺术品市场拍卖成交额如图3-3所示。

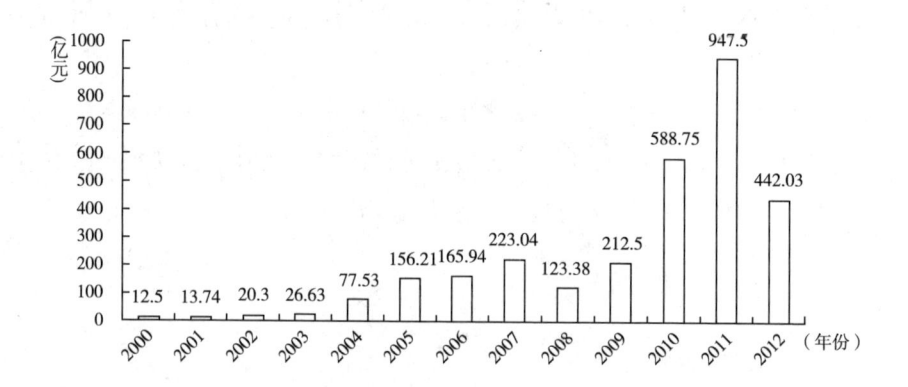

图3-3 2000～2012年中国艺术品市场拍卖成交额

在北京798艺术区的成长期，一方面艺术品市场继续保持繁荣状态，吸引更多的艺术机构入驻，另一方面此时兴起的房地产热使得北京798艺术区面临着一次生存危机，由于政府的介入，才使得北京798艺术区暂时摆脱被拆迁之灾。而中国经济在此时期面临的转型也使得北京798艺术区逐步被政府"收编"并受到政府支持。2006年北京市政府因为环境资源的压力，逐渐意识到了经济转型的必要性，把文化创意产业列为优先发展的方向，而此时已艺术机构云集、世界知名的北京798艺术区顺理成章地成为官方命名的艺术区。

2008年，北京奥运会的举办和全球金融危机的爆发，是促使北京798艺术区转型的重要因素。北京奥运会期间，北京市政府把北京798艺术区列为重点旅游推荐区域，由此使得北京798艺术区在国内外的知名度空前提高，这种提高是把双刃剑，一方面知名度的提高吸引了更多的艺术品收藏者和游客参访北京 798 艺术区。另一方面，北京 798 艺术区知名度大增使得各种机构争相进驻而租金飞涨，一些实力较弱的艺术家迫于资金压力被迫离开。全球金融危机的爆发，加速了区内的艺术机构的撤离。同时由于新机构的不断入驻，区内艺术机构仍然呈上升的趋势，但是艺术成分的结构发生了重大的变化。北京 798 艺术区由过去艺术家自发设立的工作室为主变成了作品展示的中心。

（二）房租的影响

改革开放后的中国发展历程就是一个市场经济的成分缓慢而不屈不挠地向社会各个角落扩散的过程。市场经济的特征正像现代经济学的鼻祖亚当·斯密描绘的那样："每个人都为他所能支配的资本不断地寻找着最有利的用途。他在心里所考虑的当然是自己的利益，而不是社会的利益。"[①]一言以蔽之，就是市场经济条件下，每个社会角色都在追求自己利益的最大化。而对于北京 798 艺术区区域内各个角色来讲，同样如此。他们之间的互动和博弈，既是北京 798 艺术区发展的动力，也是各种危机矛盾的根源。简单概括，北京 798 艺术区的角色可以分为以下几种：艺术家、经营性画廊、物业出租方和其他非艺术机构。艺术家指的是那些在北京 798 艺术区开设自己工作室或画廊的原创型艺术家。经营性画廊指的是那些主要为画家提供展览服务或者从艺术家手中收购作品再高价售出的画廊。物业出租方是指七星集团有限公司。其他非艺术机构是指餐厅、咖啡馆和各种工艺品小店。

在这个区域里，艺术家的利益在于以相对便宜的房租获得比较宽敞的空间进行创作，并可以把自己的作品进行展示出售。在北京 798 艺术区所有的展览都是免费的，艺术家的全部收入来自作品的销售。对于艺术家们来说，他们的创作所需要的成本很低，房租是他们的主要成本。经营性画廊的利益在于通过举办展览，向公众展销自己代理、签约画家或者所收购的作品。它们的收入更加多元化，可以来自举办展览的门票费、代理销售作品的提成和低价从艺术家手中购买作品并高价卖出的差

[①] 〔英〕亚当·斯密著《国富论》，北京联合出版公司，高格译，2015，第 286 页。

额等。对于经营性画廊，它们的主要成本依然是房租。各类非艺术商业机构的成本除了销售商品外，依然是房租，但是房租在其总成本中所占比重相对较小。

对于另一个主要角色，七星集团的利益就是来自物业的收益，或者是房租，或者是物业拆迁后的升值。可以看出，七星集团作为出租方，艺术家、经营性画廊和非艺术机构作为承租方，他们之间属于利益对立的关系，主要的对立因素就是房租。房租既是造成北京798艺术区各个角色间矛盾的主要因素，也是推动北京798艺术区机构结构发生变化并且转型的直接原因。

对于北京798艺术区的三个主要的承租方来说，他们对于房租的敏感程度是不一样的。对于自己开设工作室并进行创作的艺术家们来说，他们每年的创作需要灵感和创作周期，因此其创作数量是有限的。另外艺术品不像普通商品有固定的价格，有时候是看收藏者或者市场认不认可艺术家的创作风格和作品。对于大多数在初期入住北京798艺术区的艺术家们来说，他们的知名度和作品的市场认知度有限，因此作品较难卖上高价。即使有思想和画工都很精湛的作品但也往往被精明的收藏者低价收购。他们不能等待自己的作品被市场认可后再出售，因为他们的资金有限，他们没有时间和金钱去等待。同样对于大多数的艺术家来讲，他们可以创作出很好的艺术作品，但是他们却不是很好的经营者，或者是因为他们创作之外没有时间也没有精力去从事经营。供应有限而又不能提高价格就意味着收入增长是受限的，因此这些艺术家们对于房租的价格是最敏感的。当房租的价格超过了艺术家们的盈亏平衡点时，艺术家将出现亏损，只能关闭工作室或者搬迁到房租相对便宜的其他艺术区，例如宋庄画家村。

经营性画廊对于房租的敏感度要比艺术家们低。首先是因为经营性画廊展示的作品数量不受时间的限制，它们可以通过与更多的艺术家签订代理协议，或者举办更多的展销会来提高供应数量。另外，经营性画廊的主人往往都是资金雄厚的财阀或者合伙人，他们对艺术品市场有着敏锐的嗅觉，可以预知未来收藏者的兴趣。因此他们发现有潜力的画家时，可以在市场热捧或者在艺术家成名前低价收购艺术家的作品，然后通过对画家的作品进行展销推介，耐心地等待欣赏画家风格的买家出现，而一旦发现这样的买家，画廊可以几倍或者十倍的价格把作品卖出。笔者在北京798艺术区采访一位画廊老板时被告知：卖出一幅画一年的房租就全出来了。"三年不开张，开张吃三年"正是这种状况的典型写照。

非艺术商业机构对房租的免疫力更低一些。酒吧、餐厅、咖啡馆以及工艺品小店的利润率都是相对比较高的。他们之所以选择在这里开店，是因为一般喜欢艺术的人群往往都是属于中高收入的人群，而且他们的商品属于大众消费品，收入和游客的访问量几乎呈线性关系，因此即使房租上涨，但通过销售数量的增加或者涨价也很容易抵消房租上涨的影响。举例说明，把艺术家、经营性画廊和非艺术商业机构当作一个放在河流中的金字塔的三层，房租作为河水的话，当河水上涨时，最先淹没的就是艺术家，其次是画廊（见图3-4）。

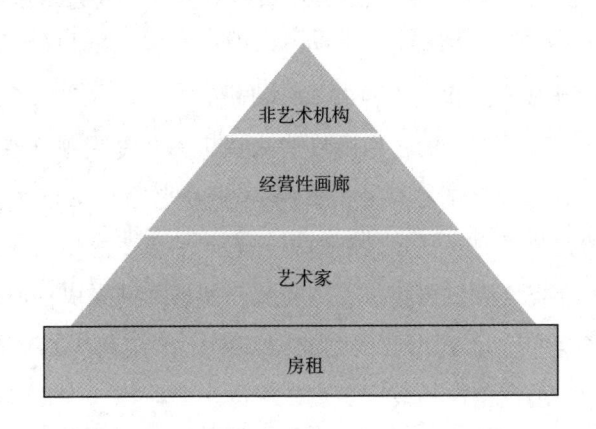

图3-4 房租上涨对区内机构的影响

在市场经济体制下，房租价格完全是由供需决定的。供应取决于七星集团提供的可供出租的物业。因为北京798艺术区的面积是有限的，闲置房屋也是有限的，因此供应曲线几乎是垂直向上的，而且弹性很小。而对于需求方来讲，一方面除了艺术家以外，画廊和非艺术商业机构对出租价格并不很敏感，而且随着北京798艺术区知名度的增加，对于北京798艺术区的需求也随之增加，需求曲线将会上移，导致租金价格的提高。

(三) 知名度的影响

影响北京798艺术区发展变迁以及区内机构构成的另一个重要的变量是北京798艺术区的知名度。基于基本的逻辑，北京798艺术区知名度与游客访问量存在简单的正比关系，即北京798艺术区的知名度越高，来参观的普通游客和艺术品收藏者也越多，因此可以以"游客访问量"来度量其知名度的高低。

提升北京798艺术区知名度的，主要有三个因素，一是艺术家及艺术作品自身的吸引力，二是媒体的宣传，三是政府的推介。在艺术区形成发展的初期，第一个因素起了主要作用。最初入住的艺术家如黄锐、徐勇自发组织的各种艺术展和大山子艺术节使得一个不被世人关注的废旧工厂，突然变成了艺术界关注的当代艺术圣地。而媒体的介入报道加速了北京798艺术区知名度的传播，特别是国际媒体对北京798艺术区的推崇对于有"崇洋"心理的国人影响巨大。2003年北京798艺术区被美国《时代周刊》评为全球最有文化标志性的22个城市艺术中心之一，无论是对圈内的艺术界人士还是普通的艺术爱好者来说，都让他们很难忽视北京798艺术区的存在。北京798艺术区在2006年被命名为北京市文化创意园区之后，政府的宣传推介对其知名度的提升起到了重要的作用。北京798艺术节有了政府在资金和宣传报道上的支持，游客参观量成倍地增加。而在2008年奥运会期间，北京市政府把北京798艺术区列为重点旅游区，使其在国内外的知名度空前提高（见图3-5）。

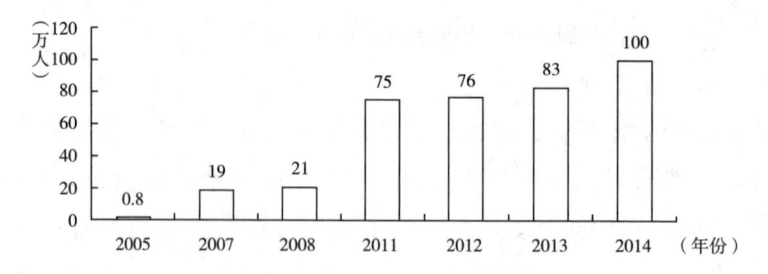

图3-5　历届北京798艺术节游客参观量

---

① 数据来自相关媒体的报道。

北京 798 艺术区知名度对于区内机构的影响也不同。对于艺术家来讲，在知名度上升的初期，游客的增多，私人收藏家访问的增多，会增加自己作品的销售量，但是艺术家作品的供应受制于自己的创作数量，当销售量达到自己的创作上限时，游客的增多并不能带来艺术家收入的增加。对艺术家来讲，知名度上升带来的另一个不好影响是，过多的游客使得北京 798 艺术区变得喧闹，干扰了他们的创作。经营性画廊对知名度的感受则与艺术家不同，因为画廊可以通过增加签约画家和增加艺术推介展的频次来增加艺术作品的供应量。因此经营性画廊的收入与游客访问量存在同步增长的关系。笔者在艺术区采访时，一位画廊负责人称在自己画廊作品的购买者中，游客、外国人、艺术品收藏者的比例为 3∶3∶4。游客数量的增长会促进经营性画廊收入的增加，但是因为艺术品收藏者和外国人增加的幅度有限，因此经营性画廊的收入和游客访问量并不是斜率很大的线性增长关系。最受益于游客数量增长的是餐厅、咖啡馆和各种饰品小店等非艺术商业机构，它们的销售额与游客访问量存在线性增长关系。游客越多，它们的收入越高，因此虽然租金很高，但是这些非艺术商业机构的入驻意愿始终很强。

二 政府的作用

中国特色的社会主义市场体制的一大特色就是政府的宏观管控。从北京 798 艺术区的发展历程中可以看出，政府的作用很重要。从宏观的产业扶持、政策支持到微观的介入纠纷、常设管理机构等，处处可以看到政府的影子。

（一）行政管理

首先是北京市的领导非常重视北京 798 艺术区的发展，并在重要时刻做出决定保证了北京 798 艺术区的存在和发展。2003 年底北京 798 艺术区面临拆迁危机，北京市政府相关领导先后对北京 798 艺术区进行视察并做出了对其"建筑物的保留方式需认真对待"的指示。[①] 来自北京市政府领导的表态，事实上终止了北京 798 艺术区的拆迁进程，保证了北京 798

---

① 周岚：《空间的向度：798 艺术区的社会变迁》，中国轻工业出版社，2012，第 75 页。

艺术区度过了一个重大生存危机，从而迎来了一个艺术家入住的高峰。

2006年3月北京798艺术区管理办公室的成立对于北京798艺术区是个标志性的事件，意味着北京798艺术区由区内各主体自发发展进入到政府有限管理干预的阶段。艺术区管理办公室为北京798艺术区的发展做了大量的工作。管理办公室协助艺术家们组织了北京798艺术区国际艺术节，并负责资金的筹措和媒体宣传。北京798艺术节由民间自发举办变为官方主办之后，从历届艺术节游客访问量可以看出，其社会影响力急剧增加。在2008年全球金融危机爆发时，管理办公室帮助区内艺术机构降低租金。当时在朝阳区政府的建议下，部分画廊和艺术区管委会及物业协商，降低区内艺术机构的租金，以减轻他们的经营压力。园区对艺术家租赁空间以及艺术机构进行减租30%至40%，享受优惠的对象主要针对早期入驻园区并对园区和创意产业有贡献的艺术机构和画廊，由政府、业主、街道以及北京798艺术区管理办公室共同审核具体名单。[①]

自从政府介入管理之后，北京798艺术区的未来发展方向也已经不由艺术家们所决定，而是变成了政府的推动和规划。在管理方看来，北京798艺术区最初是艺术家的聚集，2007年之后渐渐成为了展览展示中心。北京798艺术区未来发展的第三个阶段则应该是产业发展、文化交易等的功能提升，即未来的北京798艺术区应该成为艺术展览展示中心、会展中心、当代艺术博物馆、拍卖行聚集地，各种能承载当代文化交流的功能都将出现。为了推进这一目标的实现，北京798艺术区管理办公室在保留原来老区的基础上通过拓展规划，将周边6.1平方公里空间都纳入北京798艺术区的辐射范围，打造泛北京798艺术园区。[②]

（二）文化产业政策

北京798艺术区由民间自发聚集到变成政府规划管理的转型，背后是北京市政府和国家产业政策的变化。无论是国家政策、北京市政策还是朝阳区出台的相关文件都为北京798艺术区及其产业的发展提供了重要保障。

---

① 《798减房租最少打六折》，雅昌艺术网，http://gallery.artron.net/20090727/n82758.html。
② 参见李健亚《798艺术节先锋失色，多元当道?》，《新京报》2014年9月26日，第C06版。

北京798艺术区的成长期与我国文化体制改革试点时间基本重合。从2003年文化体制改革试点以来，十余年来，文化产业政策有效地推进了我国文化产业的发展，身处这一发展浪潮中的北京798艺术区自然也享受到了政策的红利。国家层面，先后出台了《文化部关于支持和促进文化产业发展的若干意见》《中共中央关于深化文化体制改革推动社会主义文化大发展大繁荣若干重大问题的决定》《文化产业振兴规划》《关于深化文化体制改革的若干意见》《国家"十二五"时期文化发展规划纲要》《关于印发文化体制改革中经营性文化事业单位转制为企业和进一步支持文化企业发展两个规定的通知》《关于金融支持文化产业振兴和发展繁荣的指导意见》《国务院关于推进文化创意和设计服务与相关产业融合发展的若干意见》等政策鼓励和扶持文化产业的发展。尤其是2013年11月党的十八届三中全会决议，明确提出要"完善文化管理体制"和"建立健全现代文化市场体系，鼓励各类市场主体公平竞争、优胜劣汰"。从中可以解读，一方面政府对文化市场的管理会加强而不是减弱，二是市场机制在文化市场中的作用也会加强，这无疑对北京798艺术区未来的发展将产生重大的影响。

北京市层面，在贯彻落实国家有关文化产业及文化产业园区的政策外，根据本地实践，也出台了《北京市"十二五"时期文化创意产业发展规划》《北京市文化创意产业集聚区认定和管理办法（试行）》《北京市文化创意产业发展专项资金管理办法（试行）》《北京市文化创意产业集聚区基础设施专项资金管理办法（试行）》《北京市关于推进工业旅游发展的指导意见》《北京市文化创意产业创业投资引导基金管理暂行办法》《关于金融支持首都文化创意产业发展的指导意见》《关于大力推动首都功能核心区文化发展的意见》《北京市海关关于支持北京市文化创意产业发展的若干措施》《北京市文化创意产业功能区建设发展规划》《北京市文化创意产业提升规划》等文化创意产业政策，极大地推动了文化产业及其产业集群的发展。

同时，北京798艺术区所在的朝阳区也积极通过各类优惠政策推动本地集聚区的发展。这些政策无论与北京798艺术区的艺术发展是否存在直接关系，但是不可否认，对于北京798艺术区作为文化创意产业集聚区而言，其作用巨大。

三　艺术主体的选择

（一）艺术家的选择

艺术家是艺术创作的主体。如果没有1995年中央美术学院那些教师与718联合厂的邂逅，没有2001年罗伯特、黄锐、东京艺术工程等一批国内外艺术家和机构的入驻，以及黄锐、徐勇策划的大山子艺术节，就不会有北京798艺术区的存在。因此在很大程度上，艺术家的选择决定了北京798艺术区未来的艺术成色。

对于大部分的艺术家来说，他们或许能创作出很好的作品，但是他们却不是精明的经营者。他们最初选择北京798艺术区，很重要的一个原因就是这里房租便宜，空间宽敞，而且很安静。另外，艺术家的成长需要时间的磨炼。也许需要几年、十几年，艺术家的作品才能得到鉴赏家和市场的认可，但是残酷的商业环境不能给予他们这种低成本的成长时间。但是随着北京798艺术区知名度的提高，房租的飞涨，很快就超出了许多艺术家的承受能力。对于这些艺术家来讲，离开或者转移是他们无奈的选择。艺术家徐勇的话表达了艺术家的无奈：北京798艺术区"是由艺术家、艺术机构创造的。但是像我们最初在创造这些的时候也知道，是在挖井，同时也是在给自己挖坟墓，不管我们把798的名声、形象做得再高，最终埋葬的是我们自己，因为房子的价高了"。[①]

在北京798艺术区房租的节节攀升中，并非所有的艺术家都离开了北京798艺术区，同样还有一些在境外成名的艺术家选择了回国入住北京798艺术区。2013年5月11日，著名美国华裔油画大师曹勇的"曹勇艺术世界"正式落户北京798艺术区。曹勇早年在日本从事壁画创作，成为日本最著名的壁画家之一。他是继成龙、李昌钰和赵小兰之后第四位获得美国青年领袖基金会大奖的华人。曹勇在欧美200多个画廊签约销售。自2003年后，他不再销售原画，只销售复制品，但是仍然能以高价卖出。

---

① 罗书阴：《不平衡的发展关系导致798各方矛盾和冲突加剧》，http：//comment. artron. net/？flag＝view&newid＝636620http：//comment. artron. net/？flag＝view&newid＝636620。

"曹勇艺术世界"的负责人认为"非常看好798艺术区的发展前景"。从某种意义上而言，当前的北京798艺术区并不是不适合原创的艺术家，而是只有作品已被市场认可的原创艺术家才能更适应这里的经济压力。

（二）画廊经营机制

北京798艺术区内，除了像曹勇这样的艺术家外，大多数都是以经营展销为目的的经营性画廊。这些画廊包括一些具有国际知名度的外资画廊，例如2001年入驻的东京艺术工程，2007年入驻的由比利时收藏家尤伦斯夫妇创建的尤伦斯当代艺术中心（UCCA）和2008年由老牌纽约画廊佩斯威登斯坦画廊（PaceWildenstein）在北京奥运会期间建立的"佩斯北京画廊"（Pace Beijing）。同是国际知名画廊，它们的运作机制截然不同。尤伦斯当代艺术中心完全从事公益性艺术活动，与中国本土及国际范围内的知名和新锐艺术家广泛合作，举办学术性的展览，致力于持续性地推动中国当代艺术的发展、促进国际交流。[①]"佩斯北京画廊"是完全商业化运作，每年只举办4个左右的世界级商业展览，而这四个展览已经能够实现盈利。这两个画廊的背后都有雄厚的资金支持，其入驻北京798艺术区看重的是其世界知名度和人流量，租金对其而言尚不是决定性因素。

对于那些资金和实力相对较弱的画廊或是独立艺术家，高额的房租是其发展的巨大障碍，他们所面临的生存压力就比较大。"这是一个完全自由竞争的市场，"一个画廊经营者如是说，"只有适者才能生存。"从北京798艺术区内艺术机构变化可以看出，近几年虽然画廊的数量增长不是很大，但是画廊的经营机制发生了很大的变化。优胜劣汰促使每个画廊更新自己的经营方式，实现利润的最大化，那些不能敏锐感觉艺术品市场变化，经营不善的画廊逐步被市场淘汰了。例如一些作品艺术水准不高，走薄利多销模式的画廊在2009年金融危机爆发，艺术品市场成交额剧减时很快就关闭了。另外现在经营比较成功的画廊也放弃了单纯代理画作销售的做法。随机采访中，北京798艺术区管理办公室的一名工作人员说，画廊的艺术总监除了签约代理外，也非常重视年轻画家的培养。一些"80后"的年轻画家成长非常快，有的作品一幅能够卖到几十万元。从某种

---

① 尤伦斯艺术中心官网，http：//ucca.org.cn/about/index/。

意义上讲，市场竞争促进了北京798艺术区艺术水平的提高，因为市场竞争淘汰了那些艺术水准低和经营不善的机构，而生存下来的往往是作品艺术水准较高且能持续改进经营机制的机构。

结　论

北京798艺术区从萌芽时期的1995年至今，仅仅经历了短短20年，其间经历了各种的危机和挑战，其空间布局、机构分布和经营方式都发生了巨大的变化，变成当代中国最知名的艺术区。

在其生命发展周期内，自由集聚与规划发展、房东与租客、艺术与商业是其发展关键词，贯穿在各个生命阶段。当前，北京798艺术区处于产业发展的停滞期。停滞期是一个过渡环节。按照文化产业生命周期的发展路径，北京798艺术区将会面临蜕变、衰落和创新循环的三种发展路径。就目前而言，尽管负面评论较多，但是就实际发展情况而言，北京798艺术区未来发展仍值得期待。因为，北京798艺术区不仅仅是一个园区，更是我国美术在国家形象构建方面的典型代表。艺术无国界，北京798艺术区所蕴含的中国美术特征和国家形象韵味在其发展历程中已经得到证明。众多外国元首的光临，被《时代周刊》评选为最有文化标志性城市艺术中心等都说明了北京798艺术区的价值所在。

因此，北京798艺术区的发展将是中国艺术产业转型发展的重要风向标。作为中国现代艺术的重要策源地，北京798艺术区的艺术象征价值尤为重要。在未来，北京798艺术区的生命曲线指向何方将是各界都需要重点关注的问题，这也是本书在试图找寻的答案。

第四章 坡州 Heyri 艺术村生命周期研究

1997年亚洲金融危机之后,为了尽快恢复国民经济,韩国提出了"文化立国"的口号,将文化创意产业视为国民经济发展的重要产业。坐落在韩国京畿道坡州市碳县面法兴里1652号的 Heyri 艺术村就是在这种背景下诞生的。Heyri 艺术村是根据京畿道当地传统的民谣"Heyri"而命名的,Heyri 是属于没有汉字的纯韩语语音。艺术村自1997年开始筹建以来,经过10多年的发展经营,已经成为韩国最大且具有世界影响力的文化艺术产业园区。

第一节 坡州 Heyri 艺术村的发展现状

坡州 Heyri 艺术村占地面积约50万平方米,是一座由文学、影视、建筑、音乐、设计等众多领域艺术家们聚居而成的文化产业群落。村内,除去一般的住宅外,艺术家的工作室、美术馆、博物馆、书屋、咖啡馆、主题乐园等形成了一个集创作、展示、交流、休闲为一体的复合型艺术空间。

与由废旧老厂房改造而来的 SoHo 等世界知名艺术产业园区不同,坡州 Heyri 艺术村是完全新建的文化艺术园区,于20世纪90年代后期逐步规划、设计和建设而成。相对于老厂房的改造创意,Heyri 艺术村的建筑设计和内部装饰的创意成分更加明显。村内每一个单体建筑都是在最大程度保存自然地形的基础上,由专业的建筑设计师按照不同艺术领域的氛围设计、建造,从而建筑呈现出不同的艺术特色,使得建筑本身已经成为艺术品。根据功能的不同,村内建筑分为单体建筑和复合式建筑。根据相关统计,村内有100多栋建筑。目前艺术村内共有博物馆、展览馆、音乐厅、书店等共120多家,画廊近百家,艺术商店近百家,艺术家工作室

100 多间，有 500 多位艺术家在此工作生活（见表 4-1）。

表 4-1 坡州 Heyri 艺术村文化设施

分类	数量	举例
博物馆	30 多家	国际民俗器具博物馆、玩具、蝴蝶博物馆、传统食品博物馆、佛教艺术博物馆、邮票、海报、电影等博物馆等
画廊	近百家	409 空间、SihuDaam 画廊、MOA 末瓦画廊、一画廊、紫空间、尔画廊、李和朴画廊等
音乐厅	3 家	韩国音乐大厅、VR 音乐厅、圆顶音乐厅
影院	1 家	1 个实验电影院，1 个电影拍摄棚，另有 1 个民族电影博物馆
剧院	2 家	金正日剧院（Jung-Hee Kim's Theater）、儿童剧院
艺术商店	近百家	近百家艺术商店和古董店，展览和销售艺术品
工作坊	100 多间	100 多间工作室，供画家、雕塑家、手工艺者、音乐家、电影制作人工作
会议室	10 个	10 个会议室供召开哲学、历史、文学、艺术等会议使用
书吧	近 30 家	Hangilsa. corp、YoulHwaDang Publisher、Donghwaanra 等
纪念馆	1 家	Han-Sook Jung 纪念馆
学校	2 家	特技学校、马歇尔艺术中心演员培训学校

资料来源：http://www.heyri.net。

一 坡州 Heyri 艺术村的空间布局

作为一个新兴的艺术村，坡州 Heyri 艺术村本身的建设就具有很强的实验性和示范意义，对未来相关文化产业的发展会产生重要的影响[①]。纵观坡州 Heyri 艺术村的建设发展史，其发展充满了创意和设计。在理念形成阶段，坡州 Heyri 艺术村的规划者就邀请了 34 名韩国建筑师及 6 名外国建筑师协同工作，共同设计坡州 Heyri 艺术村。当前，坡州 Heyri 艺术村形成了榉树村、樱树谷、橡树谷与菖蒲村、松树村、银杏村、栗树村和橡树村七大区域（见表 4-2）。

---

① 参见杨志疆《艺术的世外桃源——坡州 Heyri 艺术村的规划与建筑设计》，《新建筑》2010 年第 4 期，p96。

表4-2 坡州 Heyri 艺术村空间分区①

序号	村落	方位	建筑编号	代表项目
1	榉树村	坡州 Heyri 艺术村的正北方向,由7号门可直接进入	1-16号	UNA 联合国协会、Hangil 图书馆、白石美术馆、世界民俗乐器博物馆、K-space K 空间等
2	樱树谷	坡州 Heyri 艺术村的正西侧,临近2号门和3号门	17-33号	一画廊、93博物馆、Artinus 株式会社时空社、HOMEO、Eco Box、画廊等
3	橡树谷与菖蒲村	坡州 Heyri 艺术村的西南角,靠近1号门	34-47号	Heyri 艺术村售票中心、Culden 卡伦画廊、马歇尔艺术中心、韩立玩具博物馆、Bandi 读书咖啡厅、ADAM AS253、时钟和刀具博物馆等
4	松树村	坡州 Heyri 艺术村的东面偏南方向,靠近8号门和9号门	48-73号	Sihu Daam、儿童玩具博物馆2馆、Cozy house 韩餐厅、桦华亭等
5	银杏村	坡州 Heyri 艺术村的西北角,邻近5号门和7号门	74-97号	草莓妹妹乐园、独岛领土文化馆、韩国近现代历史博物馆、Café with books 等
6	栗树谷	坡州 Heyri 艺术村的东南方向,接近1号门和9号门	98-101号	Gallery MOA、韩文书法体验馆、日常天然染色工坊等
7	橡树谷	坡州 Heyri 艺术村的正南方向,由1号门可进入	102-104号	Forest Garden 迎宾馆、OHYUN 矿石博物馆等

二 坡州 Heyri 艺术村的产业结构

坡州 Heyri 艺术村并非单纯的艺术园区,而是一个艺术产业中心,园区内文化艺术产品创作、展示、传播、交易等产业环节自成体系,良好的产供销一体化的机制为艺术产业的发展起到了较强的保障作用。经过十来年的发展,艺术村内逐渐形成了以艺术创作与交易为龙头,集艺术会展、艺术培训、文化旅游和影视拍摄为一体的艺术产业结构(见图4-1)。

---

① 道略文化产业研究中心:《坡州 Heyri 艺术村——世界十大创意艺术区之一》,2014年。

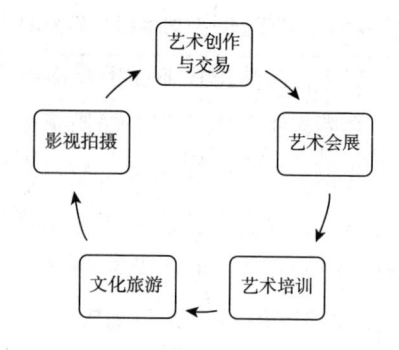

图 4-1 坡州 Heyri 艺术村文化产业结构

（一）艺术创作与交易

坡州 Heyri 艺术村集聚大约有 500 名艺术家，涉及电影电视、戏剧表演、摄影摄像、雕塑绘画、文学出版、工艺品制作等多个领域。这些艺术家长期在艺术村中开设工作室，将其作为重要的创作空间和展示交易场所（见表 4-3）。

表 4-3 部分入驻坡州 Heyri 艺术村的工作室

艺术家	类型	简介
金惠荣	瓷器雕刻艺术家	"k styling"的室长，曾参加"杨口芳山白瓷""小素描战""全国车工具""托威征集铜像"等活动
罗津永	工艺品雕刻艺术家	在"cafe 古稀""画廊牛港"、画廊&展览厅等 4 个画廊展览销售作品，曾参与"韩国大学工艺优秀作品展""jewel fair korea""金属工艺纲"等工艺展
李英美	青年艺术家	在首尔、釜山、坡州、全州等地举办个展
宋庸根	摄影艺术家	1999 年迁入坡州 Heyri 艺术村建立后藤画廊，先后在德国、美国等国家举办过联展
崔林宪	书法、版画工作室	开放工作室，常设展览，每日开展韩文版画、书法体验学习课（收费每次 25000 韩元/人）

资料来源：道略文化产业研究中心《坡州 Heyri 艺术村——世界十大创意艺术区之一》，2014。

坡州 Heyri 艺术村内有上百家入驻画廊，代理销售艺术作品，包括 409 空间、Gallery SihuDaam、MOA 画廊、一画廊、焦点画廊、李和朴画廊等（见表4-4）。画廊多采取复合式空间，很多画廊内设艺术商店、咖啡馆等。在艺术村居住的艺术家或者附近的艺术家也会将自己的作品委托画廊、展厅或其他展示空间进行持续展示和交易。另外，坡州Heyri艺术村有近百家艺术品商店和古玩店，展览和销售瓷器、玉器、珠宝、钟表等古玩艺术品。作为韩国最大的艺术品展览和交易场所，坡州Heyri艺术村能够提供各个层次和不同艺术水准的艺术品，成为艺术品爱好者和艺术消费者进行"淘宝"的重要场所。

（二）艺术会展业

除了日常创作外，艺术村为艺术家的交流搭建了良好的会展平台。大量高知名度的艺术家群体，其本身已经成为会展节庆的重要资源。设施条件良好的画廊和展厅有效地将艺术家的作品推向市场。更为重要的是，坡州Heyri艺术村每年都会举行各类文化艺术节，尤其是每季和每周末都有许多国际性的艺术节庆、展览、庆祝会等各类盛会，供艺术爱好者学习和参观。譬如，始于2009年的77号艺术路艺术展，每年举办一次，旨在"通过艺术进行分享"。每年都有艺术园、锦山画廊等多个画廊参加，展出新锐艺术家的作品并进行销售。

表4-4 坡州Heyri艺术村入驻的知名画廊

画廊名称	入驻时间	简　介
焦点画廊	2004年	韩国历史悠久的画廊，首家画廊成立于1990年，2004年入驻坡州Heyri艺术村经营韩国代表性艺术家的绘画、雕塑和版画，并策划展览
李和朴画廊	2005年	画廊自2005年以来，举办了多个重要的展览，如金重曼的个展、亚洲青年艺术家作品展等
409空间	2007年	1层是Concreate咖啡馆，2层是409 Gallery & The Song（409画廊和音乐厅），展览当代艺术收藏品以及20世纪六七十年代的音乐和现代音乐
MOA画廊	2008年	包括5个展厅、1个咖啡厅、1个陶瓷艺术商店、1个书店，每年有十次左右的展览，以陶瓷、雕塑艺术品为主
Gallery SihuDaam	2011年	1层为观景咖啡厅，2层为Gallery SihuDaam，从3月到12月每月举办一次展览

续表

画廊名称	入驻时间	简　介
怀特·布洛克画廊	2011年	位于坡州Heyri艺术村的中心区，3层建筑，占地1600平方米，包括6个展厅、1个会议室、1个高端餐厅、1个艺术商店，艺术商店展示全球的当代艺术作品

资料来源：http://www.heyri.net/blog/blog/profile.asp?b_id=409space。

良好的会展效应为艺术家作品的交易提供了天然的市场，同时巨大的人流也为区域的发展提供了巨大的消费动力。

（三）艺术培训业

坡州Heyri艺术村是一个庞大的文化艺术学校，大部分工作室都是开放式的，为外界提供体验性课程和培训课程。在创作之余，艺术家们都会开设一些免费或者收费的艺术培训项目。譬如，村内有几十家艺术家工作室对外开放，开设学习课程，满足艺术爱好者及游客的体验需求。此外，坡州Heyri艺术村还设有众多的文化艺术教育培训中心，如马歇尔艺术中心、韩文书法体验馆等。不少博物馆、音乐厅、剧院等也经常性地开设艺术讲座、艺术体验活动、音乐知识普及和戏剧类相关课程。以书法、版画工作室为例，书法体验学习课的学费是每次25000韩元/人。

尤其值得注意的是，坡州Heyri艺术村内还建有一所特技学校，该学校旨在培养高水平的特技师。目前，该学校已经培养出了多名电影、广播、电视剧等动作场面的监督指导和动作指导，在韩国乃至东亚地区都具有很高的知名度。根据坡州Heyri艺术村的发展规划，未来，艺术村内还将陆续建设创意写生、电影戏剧等特色艺术学校，着力于培养更加专业的艺术人才。

同时，为了扩大艺术培训的影响力，坡州Heyri艺术村积极利用互联网优势，计划建设网络艺术学校，期望通过网络的无限平台对外推广坡州Heyri艺术村，同时也吸引更多的人和机构了解坡州Heyri艺术村，入驻坡州Heyri艺术村，将坡州Heyri艺术村建设成为一个艺术交流学习的好场所。

（四）文化旅游业

作为一个综合的艺术园区，坡州Heyri艺术村以其独特的建筑设计、丰富的艺术享受和多元的休闲娱乐成为韩国知名的旅游景点。坡州 Heyri 艺术村有博物馆和主题展览馆三十多家，博物馆展览内容丰富多样，包括民族乐器、玩具、蝴蝶、杂志、韩国传统食物、佛教艺术、邮票、电影海报等。比较具有代表性的博物馆有雕刻博物馆、20 世纪男孩女孩博物馆、民族乐器博物馆、独岛领土博物馆、OHYUN 矿石博物馆以及时钟和刀具博物馆等。坡州 Heyri 艺术村的博物馆多由研究所或企业建造，造型独特，收藏内容各具特色（见表 4-5）。

表 4-5　坡州 Heyri 艺术村的代表性博物馆

博物馆	开馆时间	内　容
世纪男孩女孩博物馆	2004 年	由韩国 SSAMZIE 公司建造，著名的 Mass Studies 负责建筑设计
雕刻博物馆	2007 年	展出近现代名家的雕像，与雕刻公司合作共同建成展示空间
梦幻庄园 pikch buk 博物馆	2007 年	韩国首个专门从事图画书收藏的博物馆，收集古书、图画、美术作品等。博物馆经常举办书画展和艺术讲座
OHYUN 矿石博物馆	2007 年	主要展出地球上的化石、地壳运动岩石和各种天然矿石等，隶属于 OHYUN 矿物研究所，馆长是 Tai-ho Kwon 先生
独岛领土博物馆	2008 年	由公共独岛研究所运营，博物馆主要展示关于独岛历史、海洋生态资源保护、主权、领土空间、国际条约等方面的书籍和图片
民族乐器博物馆	2009 年	坡州 Heyri 艺术村的首家世界民俗乐器专门博物馆，按照七大归类，收藏了世界 100 多个国家的 2000 多种乐器
时钟和刀具博物馆	2009 年	博物馆一层展示 18~19 世纪各种各样的手表、钟表及其部件；博物馆 2 层展示各类刀具

资料来源：道略文化产业研究中心《坡州 Heyri 艺术村——世界十大创意艺术区之一》，2014。

此外，园区内以草莓妹妹乐园、CAFE BETWEEN、Moony 音乐盒艺术空间、圆顶音乐厅、金正日剧院（Jung-Hee Kim's Theater）等为代表的特色场所也成为艺术村中知名度较高的旅游热点，不定期地会有高水准的音乐会和剧目在坡州 Heyri 艺术村上演。

艺术村内还建有20多家咖啡厅和餐厅，以及3家公演剧场和1处品牌折扣购物中心等旅游配套设施。随着周边坡州出版城、普罗旺斯小镇等文化项目的建设，坡州逐渐形成了坡州Heyri艺术村—出版城—普罗旺斯的特色旅游线路，成为大首尔旅游的重要区域。根据相关统计，每年来坡州Heyri艺术村旅游的达上百万人次，有效地拉动了区域经济的发展。此外，艺术群的智慧旅游建设和人性化也有效地提升了艺术村的旅游知名度。

（五）影视拍摄

由于环境优美和建筑风格多元，坡州Heyri艺术村是韩国著名的影视拍摄基地。《秘密花园》《花样男子》等热播韩剧曾在村内的Artinus取景；《爱人》《急流勇退：拍手时请离开》等著名电影也曾在芦苇广场等外景拍摄。另外，坡州Heyri艺术村内设摄影棚，总建设面积达3500平方米的两栋大规模复式结构建筑物，规模宏大且设计美观，侦探类电影《请在鼓掌时离开》《科学调查本部》便是在摄影棚取景。为了进一步地做好影视拍摄的运营与服务工作，坡州Heyri艺术村成立了电影拍摄外联部门，专门负责影视拍摄机构入村拍摄的相关事宜，做好相关配套服务。

第二节 坡州Heyri艺术村生命周期各阶段分析

坡州Heyri艺术村从1997年提出概念，发展至今不到二十年时间就成为世界知名的文化艺术村。根据文化产业园区生命周期的划分理论，坡州Heyri艺术村的发展已过了形成期（1997~2005年），目前进入了稳定的成长期（2006年至今）（见表4-6）。

表4-6 坡州Heyri艺术村生命周期

时间	1997~2005年	2006年至今
生命周期	形成期	成长期

一 形成期（1997~2006年）

坡州Heyri艺术村是由艺术家们从一块荒凉之地自发建立起来的。

Heyri 原本是个接近韩朝边境的小山谷，位于坡州市的西北部。20 世纪 80 年代末，一群有志青年在朝鲜、韩国交界地离 Heyri 不远的地方筹谋发展出版业。10 年之后，一座出版城拔地而起。后来，为了进一步促进出版与艺术的发展，1997 年韩国土地公社"统一土地开发项目"将 Heyri 纳入开发版图，计划建设一个图书村，作为坡州出版城的延伸区域。计划公布后，有十家出版社相中了这个小山谷。一则是因为 Heyri 位置偏僻，地价便宜，二则周围环境优美，与坡州出版城相隔不远。后来，数百位画家、摄影家、雕塑家、作家、建筑师等甚至电影人组成艺术家大联盟，大家最终达成了建设艺术村的共识，于是在 1999 年，艺术家大联盟合资向政府购买了这块约 500 平方公里的土地，开始了坡州 Heyri 艺术村的建设之旅。

2000 年，坡州 Heyri 艺术村开始规划，2001 年开始动工建设。历时四年，到 2005 年所有工程完成，数百位艺术家陆续入住。也就在这一年，坡州 Heyri 艺术村作为一个完整的文化艺术群落对外开放。从一个荒凉小山谷到世界著名的艺术村，坡州 Heyri 的第一步就是科学规划，创造性地由艺术家来打造属于自己的艺术村，其重要特征就是坡州 Heyri 艺术村的产权方是初始购买土地的数百位艺术家；其建设开发也是由艺术家们自筹完成。当时，这些艺术家中的部分设计师、建筑师和韩国延世大学城市综合体研究中心的职员一起组成了坡州 Heyri 艺术村规划中心负责监察及规划园区的发展。

在开发过程中，Heyri 特别注重"生存哲学"。不仅在初步设计中强调因地制宜，依山傍谷，在建筑中也充分利用各类绿色的生态系统。譬如，为了最大化地保持当地的原始风貌，规划中所有建筑物不得高于 3 层，外观及建筑必须与地形相合，所有建筑必须保留原有的植物生态。因此，建筑完工之后，艺术村本身已经成为一个巨大的建筑艺术品群落，同时也还是一所生态艺术园区。

2005 年底，坡州 Heyri 艺术村全部完工。Heyri 艺术村迎来一个飞速发展阶段。2006 年一年间，陆陆续续就有 300 多位艺术家入住。这些艺术家可以分为四类：一是以文字与人沟通者，比如诗人、文学家、出版社负责人；二是视觉暨空间沟通者，比如画家、雕塑家、陶艺家、空间设计师；三是表演艺术工作者，比如音乐家、作曲家、传统艺师；四是影像艺术工作者，比如电影导演（目前有 5 个电影导演在此，其中就包括韩国最当红的电影导演《春去春又来》的金基德）。[①]

二 成长期（2007 年至今）

随着艺术家的陆续入住，坡州 Heyri 艺术村开始对外举办各类文化艺术节。作为韩国首个艺术产业园区，坡州 Heyri 艺术村在韩国乃至全球的艺术节中逐渐声名鹊起。许多艺术家加入并促使其吸引力不断提高，经过近十年的发展逐渐成为韩国最大规模的艺术村。就其发展阶段而言，在内外良好的管理、产业等因素的共同作用下，其目前依然处于成长期，上升空间较大。

（一）生命周期特征判断

就 Heyri 艺术村的目前的发展状况而言，其依然在成长期内，园区内艺术家以及产业类型还处于稳定的均衡状态。

从产业而言，艺术创作与交易、艺术会展、艺术培训三大产业依然处于上升阶段，其规模、数量成长迅速；文化旅游、影视拍摄、餐饮住宿等辅助产业逐步成型，产业结构相对合理，尚有较大发展空间。尤其是在"艺术+"的发展趋势下，艺术村内各类消费项目逐渐以"艺术"为灵魂，以"创意"为卖点，以"体验"为核心，逐步发展成为一个"大艺术观"覆盖的新型艺术体验休闲区。

从空间上而言，园区目前的七大建筑群错落有致。以此为依托，相关画廊、艺术家工作室、文化休闲项目等簇状聚集，集群优势明显。据不完全统计，其拥有 100 多栋多功能复合空间，积聚了一大批工作室、博物馆、展览馆、画廊、音乐厅等服务艺术家。随着艺术家的稳定入住，空间布局逐渐完善，目前园区内各个空间载体产业功能突出，文化氛围浓郁。未来在新一轮的发展中，预留土地将为艺术村的进一步发展提供广阔的物理空间。

[①] 参见郑乃铭《政策"不再是唯一路径策略"才是韩国对文化产业的社会显学》，雅昌艺术网，http://news.artron.net/20060921/n14088.html。

从驱动力上而言，在韩国高度重视文化产业发展的大背景中，坡州地方政府与市场机制形成了良好的互动，为坡州 Heyri 艺术村的发展提供了良好的外部环境。在政府的大力支持下，艺术家们在自由宽松的环境中创作，艺术发展的规律和市场规律在这里得到较好的体现，艺术与商业的双螺旋发展机制并行不悖，使得艺术村健康地发展，并在平稳发展中积聚力量，向艺术生命的高潮迈进。

（二）发展的特色措施

坡州 Heyri 艺术村近十年的发展正是韩国文化产业大发展的黄金时期。在这个快速发展的大环境中，坡州 Heyri 艺术村的发展也是亮点不断，以独特的艺术特色逐渐赢得了世界声誉。

1. 发展观念：自由创作的艺术空间

坡州 Heyri 艺术村的每一栋建筑物都是展示馆、工作室和住宿设施，有效地实现了"生活生产"的"二元合一"。村落里的所有建筑都被要求最少将 60% 的空间用来做文化活动或者艺术活动。在实际发展中，艺术家们在艺术创作之余还不断从事一些商业性文化活动，如书屋、主题乐园等。

譬如，园区内极为著名的"萤火虫书屋"拥有 4000 多册图书的藏书量，并配套有茶室。这个两层的建筑从外部看就像是一片树叶的形状，高高的屋顶、朴素的桌椅、室内空气弥漫着茶香，完全是一个充满精神食粮的完美地方。房子前面的古树虽然有很长的历史但依然茂盛地成长，随着时间的推移，房子逐渐地跟古树融为一体。最为特别的是，书屋屋顶的形状跟古树树叶的形状是一样的。古树就好像在守护自己的孩子一样守护着"萤火虫书屋"，书屋也好像时刻在依赖着古树，形成了浪漫的文化氛围，成为游客必来留影和体验的知名景点。

又如，Artinus 是一个综合性的文化复合空间：咖啡厅、私人派对场所、儿童绘画展览馆、儿童书店、西餐厅等休闲文化场所集聚组合。自从韩剧《花样男子》热播后，这里作为重要的外景地之一吸引了很多韩流迷，其中包括很多来自日本的妈妈级"粉丝"。

Farmer's Table 是一间餐厅，更是热播韩剧《绅士的品格》的外景地。餐厅内外装饰独特，怀旧的木地板、木桌椅、高挑的天花板、满眼的绿植，等等，创意氛围十足。

艺术区的这些文化空间不仅仅体现在主人是艺术家，更是从创意、硬件、服务、氛围等多个方面弥漫着艺术的气息。坡州 Heyri 艺术村为所有热爱艺术的人们开放。参观者可以亲身体验制作各种艺术品，并在与艺术家们对话中加深对艺术作品的理解。简而言之，坡州 Heyri 艺术村是一个可以体验很多独特艺术形式的地方，是一个在艺术基础上更加凸显创新、体验和产业的范例。

2. 资金来源：民间自筹确保坡州 Heyri 艺术村的艺术独立性

Heyri 艺术村是完全独立的民间机构。从最初的购买土地兴建园区到艺术家入住，再到日常的运营和管理都是艺术村内部独立打理，具有极强的自主性，这也确保了艺术创作的自由氛围，保障了艺术理念不受商业利益和外部压力的限制。经费方面，由于艺术村属于民间机构，所以主要经费来源仍属自筹（例如贩卖商品）。

坡州 Heyri 艺术村的宗旨之一便是推动艺术市场。目前，艺术村五脏俱全，除了必不可少的画廊、工作室、美术馆之外，咖啡馆、餐厅、商店、民宿随处可见，书店、音乐厅也都配备齐全。整个艺术村呈现浓浓的生活气息。尤其是，坡州 Heyri 艺术村还通过举办 Heyri 艺术经典等活动，使资源得到优化组合，形成规模优势，并确立自己的品牌，从而不断扩大艺术影响。

在市场化运营的思路下，每一个开放的建筑都是一个创意实体。书店同时也是 Cafe，博物馆楼下是餐厅，乐器体验馆要收入场费，玩具博物馆卖纪念品，陶器博物馆开办陶艺工作坊，等等。不同的主题延伸出不同的营运模式，使艺术村不但是创作之地，同时也是热闹的交易场所。

3. 有效的自我管理模式

在管理模式上，艺术村以管委会的形式进行管理。艺术村先后成立的规划委员会、建筑委员会、艺术委员会等多个专业委员会分工负责村内各项具体事务。在人员方面，入住人员大致可以分为艺术创作者和运营管理者两部分。创作者包括画家、设计师、雕塑家、摄影师、作家、作曲家、广告人、电影人、出版商等；管理者就是诸如出版社、剧院、画廊、艺术品商店、书店、博物馆、电影制片厂的经营者。

在管理上，每年由在坡州 Heyri 艺术村居住的会员艺术家选出他们的代表组成理事工会管理属于艺术家本身的自治群落。理事会的董事主席与聘用的专职工作人员一起，负责艺术村的日常行政管理人员。此外，艺术村里设立的韩国文化艺术委员会特别编印一本手册，详细说明了"如何到 Heyri 艺术村申请设立文化空间""如何提出申请、盖房子又该注意什么、用途又该如何区隔"等条件事项。目前，这个委员会有 350 个会员，但负责审核的委员只有 10 位。① 凡是文化艺术工作者想要提出申请，可依照自己的经济能力选择不同面积的场所，一旦通过资格申请、建筑计划审核之后，还有另外一项不允许变更的则是：空间的 40% 可拿来做商业用途、60% 一定要拿来作为文化用途。在坡州 Heyri 艺术村设置艺术空间的人，多数在外面都有自己很稳定的事业，也不是仅仅依托艺术村内的画廊或工作室营生，而是基于对艺术村的认可，入驻的艺术群体，享受和发展文化艺术事业及产业。

第三节 坡州 Heyri 艺术村生命周期演进驱动因素分析

从发展周期来看，目前坡州 Heyri 艺术村还处于平稳发展阶段。由于前期科学的顶层设计和独立的自我管理系统，从萌芽到形成到发展，坡州 Heyri 艺术村的发展比较平缓，处于逐步爬坡状态，两个生命阶段内都是稳步推进。就当前的发展阶段而言，预计还将平稳发展较长时间。

一 内部发展因素分析

(一) 对园区建筑的创意规划

作为一家发起建设的文化艺术村，在其发展伊始，就将艺术融入顶层设计之中。通过不同艺术风格的建筑，从视觉上形成了一个艺术的天地，每个建筑元素包括建筑、街灯等在保存自然地形的基础上依规格严格建造而成。所有的建筑均不超过 3 层，由专业的建筑设计师按照不同艺术领域的氛围设计、建造，并尽最大可能使其与周边环境和谐地融为一体。村中

---

① 郑乃铭：《政策"不再是唯一路径策略"才是韩国对文化产业的社会显学》，雅昌艺术网，http://news.artron.net/20060921/n14088.html。

错落有致、别出心裁的建筑成为坡州 Heyri 艺术村的独特风景,尤其是不少建筑本身就是艺术品,赢得了不少建筑大奖,吸引全世界的艺术爱好者和建筑爱好者前来参观游览,也成为村内艺术及相关产业不断发展的主要动力之一。

(二) 艺术家的自我使命感

作为艺术家联合发起成立的艺术村,坡州 Heyri 艺术村的宗旨和目标也很明确:一方面,艺术村希望最终能够打造成为艺术家的世外桃源,成为艺术家创作的集聚区;另一方面,艺术村自觉地将艺术的孕育、展示和传播作为自身发展的使命和责任。

艺术名家对区域有宣传作用,签约知名艺术家,发挥名人效应,提升艺术集聚区的影响力和对游客的吸引力。在规划和创建过程中,艺术村就明确规定入住者必须将五分之三以上的面积用于展览、演出等公共活动。每年,坡州 Heyri 艺术村画廊、美术馆广泛邀请艺术家,然后提供三个月或一年的创作与展出空间。

同时,艺术村鼓励已入住的艺术家尽量长期居住于此,而不仅仅简单地将艺术村作为工作室,以此推动文化艺术的深入创作和多元交流。坡州 Heyri 艺术村发起的数百位艺术家,以及后来入住的众多知名作家、雕塑家、画家、音乐家、电影制作人等形成品牌效应,提升了集聚区的影响力,吸引了大量收藏家、游客和艺术爱好者慕名而来。

(三) 多元的盈利模式

坡州 Heyri 艺术村不仅仅是艺术家的社区,它更是为所有热爱艺术和文化的人而开放。对艺术的热爱和互动成为坡州 Heyri 艺术村繁荣发展的主要力量。人们有需求有愿望通过各类活动进行交流和学习。许多艺术家在此经营展览馆,通过收门票的方式维持营运;或是将一楼作为销售卖场,二楼设为个人工作室,三楼则是住家,实现全息创作交易模式。[①] 这样的空间使用模式可以全年无休地进行各种文化活动。另外,坡州 Heyri 艺术村经常组织举办国际性的艺术节庆和盛会,吸引国内外艺术爱好者集聚,其人流有效地带动了餐饮、住宿、娱乐等产业的发展,成为坡州

---

① 庄芳:《坡州出版城一个文化人坚持二十年的梦想从战区荒地蜕变为全球最大出版园区》,汤财文库,2011 年 8 月 15 日,http://realblog.zkiz.com/greatsoup38/26962。

Heyri 艺术村重要的盈利渠道。

（四）会员制管理模式

为了保持自身发展的独特性和独立性，艺术村的运作完全采取民间化和非政府化的模式。坡州 Heyri 艺术村设立理事会，采取会员制管理，建立严格的遴选和考核机制。如果外界艺术家想要成为坡州 Heyri 艺术村居住的会员，必须先提出房屋规划以及艺术文化发展规划，得到理事会批准通过后才可以成为正式的会员。成为会员的艺术家就可以在坡州 Heyri 艺术村进行自由的艺术创作，但每个会员每年必须公开发表至少两次新作品，否则将会有相应措施进行处理。这种遴选机制和创作管理体制一方面提高了入住艺术家的水准，更为重要的是有利于推动艺术家不断创新。通过考核和管理，有效地强化了艺术村管理方和入住艺术家的日常联系，将简单的"房东"与"租户"系统变成了"服务"与"创作"、"督促"与"创新"的共生系统。艺术村对艺术家提出要求，提供服务，定时抽检，实质上形成了传统工业产品生产的监管机制。通过双方的互动，园区能够更加有效地了解入驻者，从而有利于对整个艺术村内的创作发展实行宏观管理，有利于艺术村与艺术家的同步成长。

（五）艺术全产业链模式

在建设模式上，韩国文化产业园是产、学、研联姻，对文化创意产业进行创作、研究开发、技术培训、信息交流、生产制作的集合，这种模式可以优化资源组合，发展集约经营，提高艺术园区的研发创作能力和整体实力。而坡州 Heyri 艺术村也是采取产学研一体化的机制，形成艺术全产业链经营。

（六）完善的配套设施与服务平台

坡州 Heyri 艺术村内具有"文化、餐饮、住宿、娱乐、购物、交通"六大方面完善的配套设施，包括公演小剧场、艺术商店、书店、租借空间、品牌购物中心、客房、餐厅、咖啡厅、停车场等，为艺术村文化产业的发展带来了丰富的商业资源。另外，坡州 Heyri 艺术村设旅游服务中心、文化中心、规划设计中心、出入境管理处、事务局等服务平台，促进区域内文化企业与艺术机构的发展。

（七）研究机构的辅助功能

作为一个以艺术为主要特色的文化产业园区，Heyri 艺术村的发展不仅仅局限在艺术家群体之间。围绕艺术村建设，依托艺术产业链的发展，园区内相应地聚集了一批诸如韩国延世大学城市综合体研究中心等相关研究、培训、管理服务性机构，有力地提升了园区的软件服务水平。韩国延世大学（Yonsei University）是韩国具有国际声誉的顶级大学，与首尔大学、高丽大学并称韩国三大超一流大学（S.K.Y）。韩国延世大学城市综合体研究中心（The Research Center of City Complexes，Yonsei University）更是专注于研究城市中的商业、办公、居住、展览、餐饮、会展、娱乐和交通等城市生活空间优化组合的一流机构，为艺术村的整体规划与配套设施的设计做出了巨大的贡献。此类研究机构的入驻为园区艺术设计的发展提供了强有力的智慧支撑，有力地促进了园区的可持续发展。

二 外部环境因素分析

坡州 Heyri 艺术村的创建是政府引导下的艺术家聚集模式的有效尝试。在艺术村的前期策划和基础设施的建设方面，韩国政府尤其是坡州市政府给予了积极的扶持。艺术村建设完毕，艺术家正式进入后，艺术村采取了政府化和民间化的发展模式，最大限度地保持了艺术自身的独立性和独特性，保障了艺术家创作的自由和空间自由。同时，政府又在幕后做艺术村品牌发展与保护的坚强后盾，积极地推进艺术村内各项产业链和文化生产消费活动健康运营。

（一）国家文化艺术政策扶持

1992 年韩国政府颁布《文化产业振兴基本法》，1998 年正式提出"文化立国"战略。之后，韩国政府陆续出台了《文化产业发展 5 年计划》《文化产业发展推进计划》《21 世纪文化产业设想》《著作权法》等政策性文件，设立了文艺振兴基金，建设文化、艺术院校培养专业人才，组建文化观光部、艺术局和文化产业局，给予文化艺术产业人才、组织、政策、资金等全方位的支持，极大地促进了韩国文化创意产业的发展。

（二）政府鼓励文化艺术产业园区建设

韩国发展文化产业生产经营的总体战略，自 2001 年至 2010 年 10 年时间，全国共建 10 个文化产业园区、10 个传统文化产业园区、2 个综合文化产业园区，形成了全国文化产业链。该战略旨在优化资源组合，发展集约经营，形成规模优势，提升研发生产能力和文化产业的整体实力。[①]根据《文化产业振兴基本法》的规定，各类文化产业园区要集中产、学、研三方力量，承担文化产业的研发、技术培训、信息交流和生产制作等任务。其资金来源以地方政府为主，中央政府给予大力支持，同时吸纳民间资本参与。[②]

坡州 Heyri 艺术村便是在这样的大背景下，作为韩国"统一土地开发项目"的一部分，由近百位艺术家组成联盟向政府提交规划，并购买到这片约 500 平方公里的土地，从而开始构建这一独立性较强的文化艺术村。

（三）多渠道提供资金支持

在政府层面，韩国政府不断增加对文化产业的预算投入，每年投入文化事业的国家预算超过国家总预算的 1.1%。国家还设立了多种专项振兴基金，如文艺振兴基金、文化产业振兴基金、信息化促进基金、广播发展基金、电影振兴基金、出版基金等。此外，还有以社会资金为主、政府和民间共同融投资运作的"文化产业专门投资组合"，很多地方政府也设立了专门的文化基金。在市场层面，大企业逐渐成为投资人，CJ 文化财团、三星文化财团、LG 文化财团等主要是由大型企业设立文化基金，为某一文化行业发展提供资金支持，或为有志于发挥文化才能的年轻人实现梦想提供平台。[③]

（四）旅游线路整合

当前的 Heyri 艺术村的发展因艺术成名，却因旅游而更加繁盛。每年不论是前来进行艺术交流，还是来参观这些独特建筑或是纯粹来体验艺术村文化氛围的游客络绎不绝。尤其是近几年来，韩国大力发展文化旅游

---

① 陈宇帆：《韩国发展文化产业的措施》，百度文库。
② 《美日韩三国文化产品出口的比较分析及对我国的启示》，中国改革论坛网站，http://www.chinareform.org.cn/Economy/industry/Experience/201210/t20121030_153662.htm。
③ 《韩国成为第五大文化强国 解析韩国文化产业发展》，http://www.ccitimes.com/chanye/chanye/2014-10-28/114935114935.html。

业,将坡州 Heyri 艺术村纳入首尔城市圈的旅游线路,通过与坡州出版城、普罗旺斯村、坡州 outlets 以及其他线路的整合,每到周末假日,这里就会涌进大量人流,成为韩国新兴的观光景点。

总　结

坡州 Heyri 艺术村是文化产业园区的典型案例,突出体现了创意"从无到有"的构思过程。1998 年多位艺术家萌发了建设艺术村落的构想,之后从物色艺术村地点、土地开发整理,邀请专业人士进行规划,到 2003 年正式建设,2005 年底完工入驻等一系列环节都是在有步骤有目标的规划下实施的。作为百余位艺术家的共同心愿,其高度凝聚的向心力和产业协作力保障了坡州 Heyri 艺术村从一开始就具有极强的生命力,尤其是自有产权赋予了坡州 Heyri 艺术村较为稳定的发展基础。艺术村正式对外开放以来,以其独特的艺术魅力吸引着全球各地的艺术爱好者前往参观体验,逐渐成长为韩国最大的艺术产业群落。在下一步的发展中,外界政策、艺术市场等没有明显波动的情况下,坡州 Heyri 艺术村将在艺术创作与交易、艺术会展等多个领域持续稳定发展,直至量变到达一定程度,进入成熟稳定期,达到成熟文化产业园区的标准:艺术人才集聚、艺术特色明显、艺术流派呈现、艺术产值凸显、艺术品牌形成等标准,才能真正地走向成熟。目前,坡州 Heyri 艺术村的艺术贡献尚不足以到达成熟的巅峰状态。未来发展,既需要保持优势继续前行,同时还要注意未来发展的风险因素,做好园区的内外互动,提质增值和积极对外开放,才能更好更快地发展。

第五章　北京798艺术区与坡州Heyri艺术村生命周期风险因素比较及其发展趋势

尽管同样是以艺术产业为特色的文化产业园区，北京798艺术区和坡州Heyri艺术村的发展却呈现不同的发展态势。同样的十年时间，北京798艺术区的发展迅速走进了停滞阶段，面临着发展的三岔路口；而坡州Heyri艺术村依然处在向上成长的轨道上。本章将深入探讨文化产业园区生命周期的风险因素，通过对北京798艺术区和坡州Heyri艺术村发展过程中所历经的园区规划、产业结构、经营模式、入住人群、政府管理、经济环境等方面的研究，探求延长艺术产业园区发展期限的核心因素；同时，对北京798艺术区和坡州Heyri艺术村的未来发展趋势给予一定的探讨和预测。

第一节　北京798艺术区与坡州Heyri艺术村生命周期影响因素比较

唯物辩证法认为事物的内部矛盾（即内因）是事物自身运动的源泉和动力，是事物发展的根本原因。外部矛盾（即外因）是事物发展、变化的第二位的原因。内因是变化的根据，外因是变化的条件，外因通过内因起作用。文化产业园区生命周期的变化离不开内外因的共同作用。

一　生命周期的影响因素分析

文化产业园区具有自身的生命周期。由于产业基础、管理机制、市场运营、产业环境等多个因素的影响，其生命周期的时间长短不一。作为一个生命期，影响其发展的原因可以划分为两个方面：内生性风险和外生性风险。

内生性风险是文化产业园区内部力量所积累的各类风险，是园区走向衰退的主要原因，主要包括园区规划、产业结构、经营模式、入住人群等。

文化产业园区在发展初期，其呈现的专业性分工、地理性临近、产业链相互关联等协同溢出效应是其发展的重要特征和优势。随着园区生命周期的演进，尤其是进入成熟期阶段，这些优势逐渐成为园区进一步发展所面临的内生性风险的重要滋生源。第一，前期不科学的规划设计逐步影响到园区文化生产的快速发展。第二，文化与商业的发展中"逐利"成为产业集群发展的常态，此时忽视了文化的作用。第三，地理空间上的临近性有助于园区内各企业之间互相学习，同时使得生产同质化和市场竞争战略趋同，最终容易造成园区内部的恶性竞争，甚至出现"劣币驱逐良币"的"柠檬"市场现象等。第四，园区内企业贸易之间的过度稳定性渐渐转变为一个封闭自守的系统结构，企业创新动力逐步下降，不断滋生园区企业创新的惰性，对外部市场的应变能力逐步减弱。

外生性风险是文化产业园区发展外部力量所引发的各类风险，主要包括国家政策、区域经济、产业调整等结构性和周期性风险。这些风险是园区走向衰退的外因。

就内外两种风险而言，内生性风险是文化产业园区走向衰退的根本性风险，外生性风险则是园区走向衰退的诱发性因素。当文化产业园区内部发展僵化到一定程度的时候，就会对外部环境的反应缺乏敏感，最终在市场竞争的压力下，各种风险矛盾发生从量变到质变的转化，从而丧失了核心竞争优势，最终通过引发的周期性或结构性风险而导致园区走向衰退。

因此，园区发展的生命周期中，必须建立一种动态的观测和风险预控机制。随着园区生命周期的演进，产业要素会随着发展阶段的不同而呈现不同的特性。将风险的预控纳入文化产业园区发展的顶层设计中，不断优化创新动力系统，将其作为一种机制深入制度性建设中，通过动态的要素管理，推动园区的可持续发展。

二 内生性风险比较

(一) 园区的顶层设计

成功园区的发展离不开有效的顶层设计,科学的发展战略是文化产业园区持续成长的关键。从北京 798 艺术区和坡州 Heyri 艺术村的建设工程而言,二者具有一定的相似性,但是各有特色。从园区的顶层设计而言,二者存在着较大的差别,从而在发展路线上也呈现不同的路径。

北京 798 艺术区从艺术家自发集聚到政府整体收编的过程可以说明,当政府对区域艺术产业进行整体管辖的时候,其发展才有真正意义上的路径,开始从市场自发进入政府治理的阶段。总体而言,北京 798 艺术区自然而然集聚,缺乏顶层设计,缺乏对未来艺术发展的战略蓝图和产业发展的总体布局。

2006 年,朝阳区政府与北京 798 艺术区的产权方——七星集团有限公司联合成立了北京 798 艺术区建设管理办公室。同年被授予"北京市第一批文化创意产业集聚区"。政府的介入为北京 798 艺术区的有规划成长提供了有效保障。

2007 年,为了全面改善北京 798 艺术区的基础设施和艺术环境,朝阳区政府共划拨 1.2 亿元专项资金对北京 798 艺术区进行全面改造。尤其是随着 2008 年北京奥运会的来临,北京市政府提出要将北京 798 艺术区建设成为与长城、故宫齐名的北京标志,同时将其列为北京市重点推荐的旅游景点和外国元首来京参观的重要场所。在加强硬件建设的同时,政府也开始有组织有重点地策划以北京 798 艺术节为代表的各类艺术活动,为中国当代艺术发展提供一定的指导和规范。政府投资基础设施建设和筹办指导各类艺术活动,其实是更加深入地对北京 798 艺术区进行规范和治理。

在进行基础性治理之后,政府应该进一步加强园区治理,将园区的散兵游勇式发展进行资源整合,在现有产业基础上进行产业规划方面的一系列发展布局。但是在实际运作中,作为政府代表的北京 798 艺术区管委会在管理上缺乏威信和力度,在园区发展中虽然发挥了一定的协调作用,但是在规范发展上缺乏力度,尤其是在园区产业发展上缺乏持续具体的规划引导，缺乏前瞻性的思考，对于未来发展更是缺乏全局性的规划。后期"二房东"事件及"艺术灭亡"的负面报道等充分暴露了北京798艺术区管委会缺乏对园区发展行政管控和对市场的宏观调控。2009年之后的北京798艺术区脱离了政府预设的发展方向，开始多元化发展。

北京798艺术区建设管理办公室提供的数据表明，截至2008年1月，入驻北京798艺术区的画廊、艺术家个人工作室及各类文化机构有400多家。根据相关资料：在北京798艺术区出现以前，北京仅有五六家画廊。如果说北京798艺术区在自我无序发展中通过政府的介入实现了整合规范发展，那么后期政府的多方干预以及政府、物业和艺术家之间三者博弈的失衡，使得北京798艺术区过早地失去了艺术生命力。物业过于看重经济效益；政府对北京798艺术区的规划难以形成有效的约束和顶层设计使其在艺术和商业发展之间失调，原本以艺术为主商业为辅的艺术产业区，结果受到了各类商业机构的冲击，知名艺术家外迁，核心艺术产业发展转型，以旅游、小商品买卖为主的服务业严重冲击了北京798艺术区的艺术生态。北京798艺术区的多元化发展是市场竞争淘汰的结果。在当下的历史条件下，纯粹的艺术创作型园区已经远远不能适应市场环境，多元化发展只是北京798艺术区顺应市场发展需要做出的被动选择。

坡州Heyri艺术村在规划、设计、定位、开发、服务、管理等方面采用"合作链"式的开发模式取得了成功，将庞大的项目运营按进度细分阶段，每个阶段、每个内容都由专业的人士去执行，从而实现项目整体风险分散化、最低化，将开发利润、经营利润、品牌利润最大化。

相比于北京798艺术区是在旧有的厂房中进行创意改造，形成艺术产业发展的群落，坡州Heyri艺术村的发展从一开始就有明确的发展目标：要建设艺术家自己的乌托邦。在这个明确的目标下，发起成立艺术村的艺术家们一方面发挥自身的设计建筑专长，一方面与延世大学等科研机构协作制定了科学的发展规划，至少在园区本体发展上有了明确的物理构想，使得坡州Heyri艺术村的建设始终沿着既定方向稳步前行，避免了北京798艺术区改造过程中重复动工的各种弊端。此外，在管理上，良好的内部管理公约和制度设计保障了艺术家的权益，使得艺术家与艺术村各得其所，尤其是在坡州市的重点推动下，坡州Heyri艺术村的外部发展环境更加优越。

整体来看，坡州 Heyri 艺术村从寻找未开发的整块土地，合资购买，到邀请专业人员联合开工建设，入驻、成立专业的工会进行自我管理等，都是在前期构想和科学规划的基础上一步步实现的。由于一切都进行了科学论证，2006 年以来的近十年间，坡州 Heyri 艺术村按照最初的目标稳步推进，并逐渐依托自身的艺术设计优势成为新的以艺术为特色的旅游景点。

相比之下，北京 798 艺术区的发展缺乏一个明确的发展目标和切实可行的发展规划，使得其发展受到各种因素的干扰，甚至产生了艺术家与园区物业方不可调和的矛盾。因此，同样的成为旅游景点的艺术产业园区，北京 798 艺术区的艺术生命在枯萎，但是坡州 Heyri 艺术村依然健康地按照自我的艺术主张自由地成长。

（二）艺术产业结构对比

在产业门类方面，前期的北京 798 艺术区，其核心在于艺术创作。随着北京 798 艺术区的成熟和知名度的日益提高，各类相关产业开始进入北京 798 艺术区内。从 2002 年开始，大量当代艺术机构和艺术家工作室开始进入北京 798 艺术区，大规模地开始了对废旧厂房的租用和改造，逐渐地发展成为艺术中心、画廊、画家工作室、设计公司、时尚店铺、影视传媒、平面设计等各类文化和商业机构的聚集区。经过 10 多年的发展，艺术区内每天都有不同种类的艺术展览和相关艺术活动。根据北京 798 艺术管理办公室的统计，近年来，北京 798 艺术区每年举办的各类展览、演出等活动总数超过 2000 场次，到访的中外宾客超过 200 万人次，其中境外人士超过 30%，[①] 北京 798 艺术区已经逐渐成为中国当代艺术的展示和交易中心。

根据历年统计，北京 798 艺术区内文化艺术产业主要分为三大类：一类是纯粹的当代艺术产业：画廊、艺术中心、美术馆等，这是北京 798 艺术区成名的核心业态；第二类为相关的文创产业：主要包括广告公司、设计单位、动漫、传媒等；第三类是酒吧、餐饮、文创小店等配套产业。笔

---

① 《798 艺术区游客井喷的背后："逆势繁荣"动力何在》，中国新闻网，2011 年 10 月 11 日，http://www.chinanews.com/cul/2011/10-11/3380420.shtml。

者对北京798艺术区近十年的数据进行了调查梳理，将其中各个产业成分的发展变化尽量客观地体现出来（见表5-1）。

表5-1 2003~2013年北京798艺术区主要产业成分变动数据

单位：家

年份	艺术家工作室	画廊（美术馆等）	其他文化机构	餐饮	商铺	合计
2003	18	6	10	2	2	38
2004	38	11	16	5	5	75
2005	40	19	31	6	7	103
2006	51	87	39	12	14	203
2007	59	103	51	14	23	250
2008	27	153	61	22	24	287
2009	25	168	70	38	64	365
2010	22	159	100	48	72	401
2011	22	175	121	51	89	458
2012	20	171	123	54	125	493
2013	19	172	197	59	129	576

资料来源：迟海鹏《艺术区现状研究——以北京798艺术区为例》，中央美术学院硕士学位论文，2014，第11页。

当前北京798艺术区正处在转型的十字路口。虽然从某些角度看，北京798艺术区依然还维持着繁荣，艺术机构的数量依然保持增长，北京798艺术区的游客访问量逐年创出新高，但是从另外角度来看，作为艺术区，北京798艺术区存在着许多令人担忧的地方，例如原创性艺术家的工作室逐年减少，非艺术机构的数量呈上升趋势。

坡州Heyri艺术村方面，由于规划得力，产业比较集中，其核心产业主要是以艺术产业为核心，包括艺术产品创作、工艺品加工、艺术品展览展示、艺术品交易和销售等环节；其次是与艺术产业发展相关的行业，包括艺术教育、会展、影视拍摄等行业；此外，还有餐饮住宿酒店等配套设施包括特色餐吧、主题酒店、酒吧、会所、咖啡馆等。它们与坡州Heyri艺术村内的艺术产业结合形成了较完善的产业链条。对于入驻企业，坡州Heyri

艺术村明文规定入住的艺术家,在租用的面积中必须拿出60%用于艺术用途,其余的40%用于商业用途。这样既保证了艺术家的艺术创作,同时也将商业服务和赢利点限制在一个可控的范围内,艺术与商业始终保持着动态平衡。因此,坡州Heyri艺术村的发展就被牢牢地约束在"艺术区"的范围之内,同时商业也得到了较好的发展,为艺术的发展起到了服务支撑作用。

(三) 经营模式对比

作为艺术区,北京798艺术区和坡州Heyri艺术村都汇集了大量从事不同行业有着不同追求的艺术个体,形成了一个有较大影响力的文化产业集群,有效地推动了区域文化发展,同时也带动了周边相关产业的发展。在不到6年的时间里,北京798艺术区内的画廊、酒吧、时尚店铺、杂志社、艺术家工作室等艺术或时尚的商业机构增加到了400多家,迅速成长为艺术特色明显的产业集群。坡州Heyri艺术村同样也在较短的时间内集聚了近四百位艺术家。两者将从事画廊、个人艺术空间、大型展览馆、工艺作品展示等五花八门的艺术行业聚集到一处,同时也引来了一些从事装饰、时装、酒吧、餐馆、咖啡厅等的服务行业。

同时,两个园区除供艺术家创作所使用的空间外,还预留了大量的展示空间,用于定期举办创意产业作品展示和交流聚会,主要艺术活动有当代艺术展览、展示、交流活动、文化艺术讲座、多媒体艺术展映、实验戏剧表演、现代舞蹈表演、先锋设计展览、大型文艺晚会,等等。通过举办这些活动,既可以让艺术个体之间进行交流,为创意人才"充电",刺激艺术个体再创造更高品质的作品,还可以将庞大的参观及消费人群吸引到文化创意产业的核心地带。

但是,在具体运营方面,两个园区还是呈现不同的特点:北京798艺术区提升了影响力却没有创造太多的GDP;坡州Heyri艺术村则通过"艺术+"有效地实现了自身商业与艺术的共赢。

北京798艺术区的发展,创造了巨大的品牌效益,入驻北京798艺术区成为艺术家及相关产业机构提高身价和影响力的最佳标签。对于北京798艺术区,尽管其品牌效益远远大于实际的经济效益,但是作为国家文化资产的一部分,其发展如果只投入无产出势必是不能长久的。根据对北京798艺术管理办公室相关人员的访谈,上级主管部门对于北京798艺术区的税收每年都有增长要求，而目前的北京798艺术区除了出租房屋没有别的经济增长点，于是北京798艺术区物业方就只能涨房租。在访谈中得知，北京798艺术区目前的房租收益每年大约在9000万元。"吃的都是'瓦片经济'，谁都离不开这个。可一再涨房租，会把艺术家都给挤跑的，我也只能协调。"北京798艺术区管理办在几方利益纠葛中似乎只能无奈地起到一个协调作用。

北京798艺术区以租金为主的盈利模式，使租金承受能力成为选择入驻企业的隐性标准，导致园区文化创意产业空间缩小，经营性空间增大。除了市场机制和行政管理等外部的因素，艺术机构自身在发展策略以及自身存在的缺陷也可能制约北京798艺术区的发展。譬如，由于自身实力和种种局限，相当一部分画廊还是采取了急功近利的短期盈利策略，致使难以持续发展。

坡州Heyri艺术村则采取"门店加创作室"的方式。基本上，大部分从事艺术创作的艺术家，本身也是商业发展的一部分。通过这种"艺术+娱乐"，"艺术+休闲"、"艺术+餐饮"的方式，将所有的商业服务活动价值涵盖在艺术的名义之下，形成了"艺术+"模式。在这个模式下，坡州Heyri艺术村逐步形成了艺术与商业共同发展，商业为艺术服务的双赢格局。

由此可见，"租金问题"是北京798艺术区发展难以避开的核心问题。作为园区，北京798艺术区的发展，尤其是未来的发展绝不应该是以租金为主的盈利方式。将租金控制在合理范围内，让艺术家在尽可能大的空间中创作和交易，将园区盈利的点拓展到画廊的税收、相关人流带来的餐饮等配套服务的赢利上才是园区提高自身收益的关键。

（四）入驻人群分析

北京798艺术区的发展史，是一部从几乎废弃的旧厂房，到中国当代艺术发源地的发展史。北京798艺术区脱胎于"718联合厂"的旧厂房。之后其业主七星集团对联合厂进行重新整合，一部分厂房被闲置出来，为了充分利用资源，七星集团将空置的厂房陆续出租。2002年，美国人罗伯特发现了这里，租下了一间120平方米的食堂并将其改造成前店后厂的格局。由于罗伯特是做中国艺术网站的，越来越多的艺术家通过罗伯特了解到这里宽敞的空间与低廉的房租，纷纷租下一些厂房作为自己的工作室或做其他用途。由于本身老厂房规划有序，风格独特，许多艺术家慕名而来，相互影响，逐渐形成了后来的北京798艺术区。在成长和高潮时期，走在艺术区里随处可见各种雕像作品，供同行和参观者观看学习。尤其是在2010年前，一排排的都是工作室或者艺术画廊。偶尔有一家饭店或者商店，看上去更像是一种点缀。目前，从门面小店的数量上来看，各类娱乐生意类的小店明显增多。

在入驻的门槛方面，北京798艺术区并没有从艺术或是艺术与商业的比例方面做出具体的限定。通常情况下，各类艺术家只要交得起租金都可以入驻。随着租金的大涨，由于缺乏对艺术家尤其是原创艺术家的特殊扶持政策，在较大程度上影响了北京798艺术区原创艺术的质量和可持续发展的动力。北京798艺术区能发展到今天，其实就是靠着艺术聚集效应。相比房屋及租金，艺术家和艺术机构才是北京798艺术区存在的根本。但是现实中，过于关注经济效益而忽略了艺术及艺术家的存在感才是当前北京798艺术区艺术空间影响淡化的主要原因。

坡州Heyri艺术村的建设不同于北京798艺术区的旧厂房改造，而是有计划、有目标、有路线地进行全新的设计与建设。1998年，艺术家联盟购置了这块土地，其目标很明确，就是要依托出版城的产业环境建设一个艺术文化村，为艺术家创作与交易提供一个优越的平台。之后这些拥有产权的艺术家们与大学合作共同设计开发建设，从而逐步形成了现在的坡州Heyri艺术村。

坡州Heyri艺术村的空间布局采取了一种"低冲击"的开发模式，即以尽可能小的改变来进行建设，以求最大限度地保留自然的原始因素，使这些自然元素能够有效地发挥其在生态循环中的功能，从而打造更加亲近自然的物理空间。① 坡州Heyri艺术村就是因地制宜，依据地势进行建设。

同时，对于入驻企业和艺术家制定了详细的入驻条款，为争取优秀艺术家进入提升空间利用率做好了门槛设计，杜绝了园区空间的过度消费和浪费。坡州Heyri艺术村的入驻设定有一定的门槛，其中，对于如何申请空间、如何入驻甚至营业的范围都做了明确的规定，有利于对入驻艺术家

---

① 齐骥：《我国文化产业集群的发展和治理——以国际经验为视角》，《发展研究》2013年第8期，第77页。

的规范化管理。

总体而言,北京798艺术区的艺术空间主要是基于原有旧厂房的改造,基于宽敞的空间和低廉的房租,艺术家们纷纷前来。首先在环境上北京798艺术区相关的产业市场环境还不成熟;其次在主观意识上,入驻的艺术家们缺乏对此地发自内心的认可,始终以租客的心态存在,天然上就注定了如有更优越的环境随时会搬走的心态。黄锐是北京798艺术区最早的进入者之一。在他所著的《北京798》一书中写道:"一小撮艺术家,自称是房客,到了798租房。主人要赚房钱,且签下合同。忽一日,房客造反,说房子是文化遗产,要保护,要成立艺术园区。主人愤怒欲赶走房客,引起纠纷。谁知房客理直气壮,搅弄是非,反客为主,一下子成名,成为798故事……在艺术区,谁是主角,一直就是个矛盾。"

不同点在于坡州Heyri艺术村是自有产权。艺术家为了艺术而集聚,他们也追求经济效益,但是由于没有外界的影响,艺术总是高于经济。即使是商业活动,也总是融入艺术设计的领域而呈现不同于一般的艺术享受。从而保障艺术村以稳健的步伐继续艺术创作和展示。

三 外生性风险比较

文化产业园区作为一个区域经济系统,是一个较为独立的生态系统。该系统内部存在着较为稳定的生态群落,同时对外也需要不断地输出和输入能量,需要在更大的环境中取得相对稳定的生存空间和支持因素。对于文化产业园区而言,政府行为和区域环境都是影响园区竞争优势的重要因素,更是园区可持续发展的"外部性"动力。

(一) 政府管理

政府行为外部性是指政府在公共政策的制定和实施过程中对其他经济行为主体所产生的外部影响。这种外部影响分为两个层面:一是政策制定过程中所产生的外部性;二是政策制定后的实施过程中所产生的外部性。[1]这种外部性可分为正外部性和负外部性。正外部性是政府出台的文

---

[1] 参见蔡彤《论政府行为外部性的形成机理》,《贵州社会科学》2007年第7期,第75页,http://www.gdeco.com.cn/old/content.asp?id=211。

化政策有效地推动了文化产业及其园区的健康可持续发展。负外部性是指文化政策没有很好地解决文化产业发展过程中遇到的问题或是虽然有所解决但又引发了其他的问题，影响了文化产业园区的正常运行和可持续发展。

在文化产业发展上，中国与韩国都实行"政府主导型"的文化体制。在政府的引导和规范下，两国文化产业发展进入了快车道，对韩国而言，21世纪的头十年是其文化产业发展的"黄金十年"，通过政府的各类扶持措施，文化产业的"韩流"已经成为世界著名的文化现象，其所包含的影视作品、艺术设计、文化旅游等有效地传递着韩国的文化因子。同时，也有力地推进了韩国民俗村、坡州 Heyri 艺术村等文化产业园区的发展。

中国的文化产业起步较晚，2006年左右，文化产业才兴盛起来，并逐渐被纳入政府发展规划。在政府的强力主导下，文化产业园区迅速发展，成为中国文化产业发展的重要载体和形式。在同样的生命时限内，坡州 Heyri 艺术村的发展与北京798艺术区几乎是同期，都得到了区域政府的大力扶持，但是在实际的扶持力度和形式上却是相差很大的。文化产业园区的成长具有时间维度，单纯地将园区的整个生命阶段作为一个点来分析，并不能适应园区的持续发展。因此，必须将园区的成长阶段分割开来，在不同的成长阶段制定不同的扶持政策和实行不同的管理方式来推动园区的发展。

整体而言，中韩两国文化产业政策都十分得力，但是在施政的方式上却有着很大的不同。就坡州 Heyri 艺术村而言，坡州市政府在有效地落实国家关于文化产业园区相关政策的同时，还积极地通过各方面力量推动园区的发展。坡州市成立专门的机构对接坡州 Heyri 艺术村的发展。坡州 Heyri 艺术村的管理机构，无论从职能、人员组成还是日常运作上都充分体现出"服务"的意识。

第一，韩国坡州市政府设置了文化观光科，主要职责是监管文化、艺术、旅游、体育、宗教、青少年事业等方面的工作，推动区域文化、观光产业的发展，使其成为具有竞争力的核心创收产业。坡州 Heyri 艺术村是韩国坡州市重点支持建设的四大文化基础设施之一，坡州市政府还专门设立了 Heyri 事务局负责坡州 Heyri 艺术村的行政发展事务。此举，从政府角度为坡州 Heyri 艺术村的健康发展提供了有力保障。

第二，当地政府给予坡州 Heyri 艺术村很大的发展空间，不干涉园区内部发展，通过各类服务辅助园区发展。坡州 Heyri 艺术村自身设立理事会，采取会员制管理，建立严格的遴选和考核机制，每年由这里一百多户的"村民"选出他们的代表管理属于他们的自治村落。如果艺术家想要成为坡州 Heyri 艺术村居住的会员，必须先提出房屋规划以及艺术文化发展规划，得到理事会通过后才可以成为正式的会员。成为会员的艺术家就可以在坡州 Heyri 艺术村进行自由的艺术创作，但是艺术村规定每个会员每年至少公开发表两次新作品。另外，坡州 Heyri 艺术村理事会还下设文化教育委员会等组织，组织成员由学院教授、艺术家、坡州图书出版中心主任等优秀人员组成，负责举办文化艺术论坛、书画比赛活动、教育活动等。

第三，政府十分重视市场机制对于园区发展的重要性，对于园区的扶持并没有大包大揽，而是在关键环节上通过文化立法、文化资金扶持等措施推动园区发展。在不同的阶段给予不同的支持。譬如，在坡州 Heyri 艺术村发展初期，当地政府在土地等方面给予巨大支持，同时放手让艺术家按照自身的构想完成园区的设计，并没有进行太多的行政干预。坡州 Heyri 艺术村发展过程中，当地政府积极落实国家关于园区发展的各类政策，同时为园区的发展提供相应的服务，政府与园区形成了良好的"服务者"与"被服务者"的关系，协同成长。

坡州 Heyri 艺术村的管理实现了政府部门、园区产权方、入住艺术家之间关系的和谐发展。这种有效有序的治理模式极大地调动了三方的积极性，充分释放了"管理生产力"。

相比之下，北京 798 艺术区的发展就较为坎坷。北京 798 艺术区管理办公室的职能是园区内一个代表政府管理的协调部门，2010 年底正式成为政府的派出机构。在北京 798 艺术区官网上查询可以发现，北京 798 艺术区管理办公室的运行经费是由政府财政全额拨款的，其主要职责是：负责北京 798 艺术区协调领导小组的日常工作，落实上级相关政策，负责研究制定北京 798 艺术区发展规划和政策，促进艺术区产业优化升级，负责艺术区的保护和旅游资源开发利用工作，负责协调推进艺术区市政基础设施和公共服务设施建设；负责协调相关部门开展艺术区文化安全监管、生产安全监管、治安管理和城市管理监察工作，负责艺术区对外宣传推介、品牌营销、招商引资等日常服务工作①。

从北京798艺术区管理办公室的职责表述可以看出，管委会对于七星物业的约束作用甚微。北京798艺术区利益纠葛不断的三方——物业、管理办、艺术家及艺术机构，真正拥有管理权和土地所有权的一方，是七星集团所辖的物业。与前两者相比，艺术家群体只能屈居为"弱势群体"。管委会副主任刘纲在谈到管委会职责的时候，强调的是"建设者"的身份——"要把园区环境改造好，从软件上讲，每年798艺术节，画册免费出"。对于物业与艺术家之间租金的冲突，刘纲认为，园区里的艺术空间每年十家八家换人经营，换手率尚处于正常范围内。②

北京798艺术区管理办公室的成立并没有给798艺术区的发展提供强有力的政府支撑。在搬迁危机、房东危机等重大问题方面，管理办将自身定义为"协调人"，对于入驻艺术家和园区产权方之间的关系无法做到有效调节，无法推动两方的共赢发展。弱势的行政管理机构与强势的物业管理部门使得困扰艺术家租金的问题一直悬而未决且愈演愈烈。2008年全球金融危机爆发后，在朝阳区政府的协调下，北京798艺术区管理办公室和物业及部分艺术家协商，对通过审查的较早进入的艺术家减免租金，减轻他们的经营压力。但由于金融危机期间，艺术品市场不景气，一些艺术家在得到补贴后，干脆关闭画廊并转租出去，当起了二房东。一些原718联合厂的员工也通过一些渠道从北京798艺术区首先租到房屋再高价转租出去，谋取暴利。二房东被认为是推高北京798艺术区房租的罪魁祸首之一。在整个事件的过程中，具有政府背景的管委会并没有起到应有的管理作用。此外，管理办还于2011年成立了专家委员会，对园区的入驻、政策、服务等方面进行评估，这个专家委员会由洪晃、冷林、费大为等相关专业人士组成。③ 但是从园区的实际发展来看，这个专家委员会基本处于

---

① 北京798艺术区官网。
② 徐佳和：《798管委会副主任刘纲：每年十家八家换人经营》，《东方早报——艺术评论》2014年7月30日。
③ 《798艺术区成立专家委员会和发展促进会》，雅昌艺术网，http：//gallery. artron. net/902/g_ shownews902_ 8064. html。

无所作为状态。

(二) 区域环境

区域环境是园区作为文化产业载体的重要生命环境。区域经济的发展程度关系到园区发展的诸多方面。经济基础、消费能力、生态群落、人才构成、交通建设、市场环境、基础设施等都影响着园区的可持续发展。

文化产业园区的发展离不开大的经济环境。坡州 Heyri 艺术村的形成与发展正处于韩国文化产业发展的上升期。国家良好的文化产业政策、快速增长的国民经济、稳定的国内国际环境为坡州 Heyri 艺术村的发展提供了难得的发展机遇。尤其是在 21 世纪初，韩国出台了一系列园区扶持政策鼓励韩国文化产业园区化发展，通过在全国建立产业园区、提供巨额资金扶持园区发展，在高校设立文化产业专业等加速文化产业发展。由于其稳定的发展态势，尽管遭遇了 2008 年的全球金融危机，但其对于文化产业尤其是艺术产业影响不大，坡州 Heyri 艺术村在这次危机中，有效地彰显了其"主导产业 + 多元辅助产业"发展模式的作用，其通过旅游、影视拍摄、培训等产业发展有效地抵御了金融危机对艺术品交易的冲击。

对于北京 798 艺术区而言，国家改革开放与艺术品交易的兴起有效地推动了北京 798 艺术区由老工厂向艺术集群的转变。但是由于缺乏稳定有效的产业发展模式，2008 年的金融危机使其遭受了巨大的挑战。一时间，不少画廊倒闭。北京"现在画廊"创始人黄燎原表示，由于欧元对人民币汇率下跌，现在每卖一幅作品，就要亏损 30%。上海 800 艺术区已经出现少数几家画廊开始缩小规模和范围，甚至暂时休业的状况。在此危机下，北京 798 艺术区的发展不可避免地受到整个大的经济形势的影响。根据媒体报道，在金融危机期间，诸如北京空间画廊、红门画廊等 60 多家中小型画廊关闭。[①] 同时，诸如意大利的常青画廊、德国的空白空间等知名艺术机构也因为资本原因撤离了北京 798 艺术区。2009 年之后，北京 798 艺术区进入了滞胀期，目前尚未出现新的文化艺术转型迹象。

因此，文化产业园区的可持续发展需要政府助力和引导，同时也需要

---

① 《798，艺术与权力的较量》，《南都周刊》2009 年 11 月 20 日，http://past.nbweekly.com/Print/Article/9058_0.shtml。

良好的区域环境作支撑。缺乏政府有效行为的引导和扶持，作为市场化主体的文化产业园区势必无法正常应对"市场失灵"等问题；同样，没有良好的区域环境的支撑，园区正常的文化生产、交换与消费就要受到影响。

第二节　北京798艺术区与坡州Heyri艺术村发展的趋向判断

根据国际经验，文化产业园区（集群）起初是创作中心，随着园区产业结构的逐渐完善，园区内产业价值链逐渐升级，消费驱动逐渐取代生产驱动成为园区发展的重要推动力。市场对文化产品和文化服务的需求提升，将有效推动文化产业园区（集群）蜕变为成熟的消费型创新中心。在这一发展过程中，园区的增长方式将由传统的以产品销售为主转为集创意体验、展览销售、休闲旅游于一体的综合性消费模式，园区的服务对象也由传统的入驻企业和创意人群逐渐转变为文化生产者与文化消费者并重，甚至有时候更加倾向于消费群体。坡州Heyri艺术村的发展较为明显地体现了供销双方的对比关系，但是对于北京798艺术区而言，其发展还需要深入的思考。

一　北京798艺术区的发展趋势

即使追溯到第一个艺术家——中央美院教师隋建国进入的1995年，北京798艺术区的发展也不过经历了20年时间，就由一个旧工厂变成了一个现代艺术的聚集地。

当前对北京798艺术区的前景最重要的担忧就是，北京798艺术区会步美国纽约曼哈顿SoHo艺术区的后尘，蜕变为一个纯商业区。因为北京798艺术区的形成、发展及转型过程与美国纽约曼哈顿SoHo艺术区的变迁有很多相似之处。根据相关统计，到1976年曼哈顿SoHo艺术区这块弹丸之地云集的画廊已经超过70家。到20世纪80年代末，各类大小画廊达200多家。随着曼哈顿SoHo艺术区知名度的提高，其也受到了商家的关注。著名服装公司和化妆品公司纷纷进入，同时地产商也看到了这里地产升值的商机，进行房地产开发，吸引中产阶级和富裕阶层。这样曼哈顿 SoHo 艺术区的房租持续上涨，其画廊开始了规模空前的迁出，大部分都搬到了切尔西。当前曼哈顿 SoHo 艺术区已经变成了一个时尚旅游区并且拥有全美最昂贵的地产。

对于北京 798 艺术区未来会不会变成像曼哈顿 SoHo 艺术区一样的结局，有的艺术家表现得很悲观。最早进入的罗伯特在接受采访时说，"商业、经济的力量太大了，注定会一模一样的"；"798 这种形成和转变的周期都较 SoHo 大大缩短"。艺术评论家朱其认为，现在的北京 798 艺术区正处于变革的旋涡。往好的方向展望，北京 798 艺术区最终剩下的可能都是拥有超级资本、能够承受房租的艺术机构……或许北京 798 艺术区最终会变成美国的曼哈顿 SoHo 艺术区或者韩国首尔的明洞，彻底沦为时尚区。

（一）作为艺术区的"798"

北京 798 艺术区最吸引人的区内艺术机构是特色各异的画廊，它们是 798 艺术区的灵魂。通常 2002 年被公认为北京 798 艺术区的真正形成之年，又称为艺术区元年。这一年，随着 Timezone 8、B.T.A.P "东京艺术工程"等中外艺术机构的入驻，北京 798 艺术区成为北京画廊最集中的区域。根据《中国艺术品市场年度报告（2012 年）》的统计，北京 798 艺术区以 173 家画廊占到北京市 373 家专业画廊数量的 46.38%，份额高居各画廊聚集区榜首。从 2003 年起，区内包括画廊在内的文化创意机构是逐年增长的。相关资料显示：截至 2014 年，区内共有 256 家画廊，每年北京 798 艺术区内举办的各种艺术展览达 2000 场次以上。

北京 798 艺术区内画廊的发展并不是一帆风顺的，其间经历了各种波折。2003~2004 年，区内艺术家和物业方七星集团发生了严重的纠纷，北京 798 艺术区一度面临被拆迁的危险，由于政府的干预，北京 798 艺术区才化险为夷。2008 年后，北京 798 艺术区内的许多画廊受经济危机与房租上涨的双重打击，不堪重负，一些知名的艺术家和机构撤离了北京 798 艺术区另寻他处。2013 年中国经济网文化产业频道推出了《"画廊去哪了"——798 艺术区画廊生存现状调查报告》，该报告通过大量实地采访，对整个北京 798 艺术区的画廊生存现状进行了深入调查，做了深度分析。

调研中，笔者随机采访了北京798艺术区内画廊的经营者和管理者。大部分的被调查者认为北京798艺术区内画廊的整体艺术水平是上升的，一些负面因素被媒体人为地夸大了。总体而言，北京798艺术区无论是从画廊结构还是经营方式上都在经历一场深刻的转型。过去的家庭作坊式的经营方式正在向现代化的运作方式转变。一些画廊关闭，新的机构入驻，正体现了市场机制下的艺术生产与运营的优胜劣汰法则。

（二）作为旅游区的"798"

在北京798艺术区每天众多的中外访客中，占比最大的无疑是游客。在调研中，笔者随机采访了十几位游客，其中90%以上的游客参观的目的都是慕名来游玩。一群参观的台湾学生告诉笔者，吸引他们来北京798艺术区的原因除了绘画以外就是建筑。对于许多爱好猎奇的游客来说，北京798艺术区充满了诸多不可思议的奇异元素：异国情调的包豪斯建筑，锈迹斑斑的塔吊，毛泽东时代的标语，似乎仍在隆隆作响的蒸汽机车，街头及画廊内无处不在的现代雕塑和绘画，这些看似矛盾的元素集中在北京798艺术区这样一个相对集中的区域内，产生了一种独特的魔力，吸引着中外游客纷至沓来。

北京798艺术区的成名与北京2008年奥运会密不可分。当时北京市政府把远在北京东郊的798工厂艺术区与长城、故宫等名胜古迹并列，成为北京奥运会期间重点旅游接待单位。短短的十多天里，数十位国家元首和数不清的国外运动员来到这里参观。北京奥运会期间，北京798艺术区成了外国游客，特别是外国政要最频繁光临的地方之一，这使得北京798艺术区成为奥运会期间又一个安保重点。这些外国游客和政要无意中充当了北京798艺术区的传播者，使得越来越多的外国游客慕名而来。据统计，在所有游客中，外国游客占30%。

一年一度的北京798艺术节成为北京798艺术区繁荣的重要标志。2005年4月30日，第二届大山子艺术节（北京798艺术节的前身）开幕时，《新京报》报道："平时游客寥寥的大山子艺术区迎来了数百名观众，其中外国观众占半数以上。"2007年4月，第三届大山子艺术节吸引了近19万名国内外游客到北京798艺术区参观游览，而2014年的北京798艺术节，根据相关统计，共迎来国内外游客超过100万人次，创了北京798

艺术节到访游客史上的新高。

不少媒体质疑过多的游客妨碍了北京798艺术区原创艺术的发展。批评人士认为北京798艺术区区内环境越来越喧嚣，妨碍了艺术家创作。笔者随机对北京798艺术区的部分游客和画廊就"游客对于北京798艺术区艺术发展的影响"的调查显示：85%的受访游客认为游客能够正面促进北京798艺术区的发展，仅有5%的受访者认为游客过多会影响北京798艺术区艺术的发展（见图5-1）。

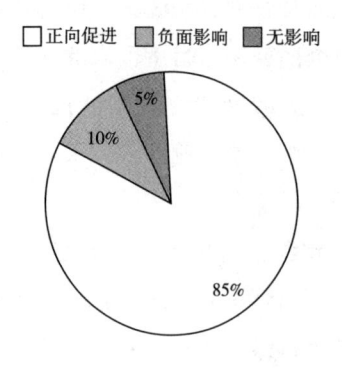

图5-1 旅游对北京798艺术区的影响

（三）时尚购物区的"798"

北京798艺术区的繁荣引来了大量的游客。巨大的人流孕育了大量的商机。当前的北京798艺术区，在众多的画廊中穿插着大量的酒吧、咖啡馆、餐厅、书店和艺术商品小店。这些小店售卖的物品从烟斗、贺卡、首饰到乐器、陶瓷工艺品无奇不有。在商业与艺术的博弈中，对于北京798艺术区的批评证据之一就是非艺术机构越来越多，艺术批评家朱其担心"没准哪天还可能成为美国SoHo（原先为画廊区，后变身高端时尚区）"。

北京798艺术区管理办公室主任张国华认为，区内一些咖啡厅、餐馆的存在是有历史原因的，北京798艺术区现在共有艺术机构500多家，而各种商业小店只有50~60家，只占很小的比例。笔者在区内采访某文化创意产业投资股份有限公司的一位工作人员时，该工作人员提到从2012年起，艺术区就出台相关政策，限制区内非艺术机构的数量。笔者又对北京798艺术区内游客进行了随机调查。当问及"你是否同意放任北京798艺术区内非艺术机构自由发展"时，大多数被调查者不赞同。被问及"是否完全同意取缔区内非艺术机构"时，大多数的被调查者同样持否定态度。因此问题的关键在于如何平衡艺术和商业的关系，如何在市场机制和管理者干预之间达到平衡。

当前，北京798艺术区作为艺术产业集群的影响力逐步下降，艺术与商业的博弈还在竞合之中。依据当前北京798艺术区的发展状态，如果任其如此发展变化，其将逐渐地走向发展的瓶颈，最后逐渐走向衰落。从生命周期的发展来看，北京798艺术区从成熟到衰落的时间过于短暂。许多国外艺术区从发展到成熟都能历经二三十年甚至半个世纪以上。在发展中，会涌现出许多新的艺术家或艺术流派，形成一定的艺术生产力和经济价值，从而为当代艺术做出贡献。从此意义上而言，北京798艺术区的使命尚未完成。因此，北京798艺术区的发展在内部创新乏力的基础上，就需要外部强力注入创新的力量，使其发生蜕变。总体看来，北京798艺术区的发展性质已经由最初创作导向的艺术园区转向了消费导向的艺术产业区，在产业区的发展中，政府的外力创新显得尤为重要。

文化产业园区进入停滞期后面临着三个发展方向：蜕变、衰落和创新循环。目前，北京798艺术区最好的选择就是创新循环。从公共文化艺术的角度而言，政府强力介入，解决了租金的问题，通过国家行为重新打造艺术区，将艺术家重新集聚于此，形成艺术产业园区的同时，鼓励艺术家们创作，使之进一步成为中国当代艺术的圣殿，从而从公共艺术或当代艺术集聚的角度，重新从"形成期"向上发展，走出一条艺术的新循环之路。

然而，在市场经济中，园区的产权方七星集团与艺术家以及其他非艺术机构是"房东"与"租户"的关系，经济效益上的"零和态势"非常明显。因此，在市场化机制中，北京798艺术区还要沿着文化产业的方向发展，那么就要顺应当前消费为主导的文化产业发展趋势，以当代艺术为主打特色，进一步吸引国内外知名的艺术家及艺术机构，将自身打造成为展览展示、交易拍卖的平台。北京798艺术区将成为一个品牌的艺术区、一个新锐的旅游景点、一个时尚品牌的聚集地。[①]

因此，要继续推进北京798艺术区的发展，就要合理控制艺术与商业机构的比例。在产业调整中，要尽可能地保护与艺术产业相关的业态，设置一定的入驻门槛，对新租户进行一定的挑选，选择与艺术或文化产业密切相关的企业或个人入驻。同时，根据产业发展需要，对艺术机构、必需

[①] 参见刘芳、王菲宇《798艺术园区的改造故事》，《瞭望东方周刊》2008年7月21日，http://news.sohu.com/20080721/n258274281.shtml。

性商业机构和一般性商业机构设置不同的租金标准。其中，要鼓励艺术机构的发展，尤其是对核心类艺术家工作室和艺术机构的租金要低于市场水平。通过有计划的产业调整和租户选择来维护北京798艺术区的艺术本性，从制度上进行重新设计与安排，从租金角度设计出更适合艺术家创作的空间，从盈利模式上设计出更多适合国家税收和产权公司经济效益的商业模式，从而更好地在商业环境中走出艺术创新的道路。

二 坡州Heyri艺术村的发展趋势

统观坡州Heyri艺术村的发展历程，经过十余年的发展，其已经形成了稳定的产业类型和盈利模式，尤其是在自有产权和自我管理的基础上，坡州Heyri艺术村的发展将持续较长时间。目前，坡州Heyri艺术村已经形成了多元艺术集聚的产业形式互为补充、互为支撑，特色鲜明、产业链条长，文化氛围浓郁的新型产业集群。但是，由于目前的发展比较稳定，因此，在未来的发展中一方面如果长期缺乏质变性因素，坡州Heyri艺术村将长期处于此种状态从而慢慢没落；另一方面在外界强有力的带动下，坡州Heyri艺术村可能走得更远。面对未来的发展空间，有以下因素需要进一步注意和防范。

（一）坡州Heyri艺术村发展的趋势

坡州Heyri艺术村的发展目标十分明确：打造艺术家自己的乌托邦。在过去多年的发展中，坡州Heyri艺术村已经形成了一种较为稳定的文化共生系统：国家、社会、艺术家、游客，还有一些辅助机构，在某种程度上形成了一个艺术的生态系统，这种生态系统为艺术村内的所有活动提供了一种庇护，这种庇护可能是制度上的、经济上的，也可能是态度上的。这种庇护使艺术家可以安心创作，使游客可以近距离地观赏艺术、学习艺术，同时形式多样的产业项目也使得国家、艺术村、艺术家个人都各取所需，取得良好的经济效益和社会效益。从这一点上来看，北京798艺术区在生态系统上能够起到的庇护作用是欠缺的。

（二）坡州Heyri艺术村发展需要注意的问题

1. 加强园内外互动

当前，由于具有自我产权和自成发展体系，艺术村内的艺术家们与周边居民的互动还不够。艺术家们在保持对外开放的同时，还深深地陷入自我创作之中。对外开放能够使游人更好地关注艺术关注艺术村，但是与周围居民的较少互动不利于坡州Heyri艺术村艺术的进一步发展。园区的发展需要关注周边的文化生态，坡州Heyri艺术村有能力将自身的文化氛围和文化特色传递出去，真正地发挥区域文化艺术的辐射带动作用，尤其是利用自身的品牌影响力服务周围居民的文化经济生活，通过一些公益性文化艺术活动活跃周边的文化生态。

2. 构建特色品牌

当前坡州Heyri艺术村品牌较大，但是作为一个产业集聚区，尚没有一个持续性的能够完全代表艺术村整体的文化艺术节或者庆典。文化艺术经济是一个人流经济，只有不断通过各类活动尤其是品牌活动凝聚人气、吸引人流，才能达到构建产业品牌、创造产业经济价值的最终目标。

3. 适当引入国际化元素

当前，坡州Heyri艺术村处于良好的发展状态，无论是艺术方面还是经济方面都获得了较大的成功。但是从国际经验来看，坡州Heyri艺术村的发展离园区的成熟阶段还有一段距离。在这段时期内，坡州Heyri艺术村的发展需要进一步的创新，尤其是通过吸引国际资源，一方面有利于推动艺术的交流创新，对接国际艺术品市场；一方面有利于发挥艺术产业集团化运营的潜力。尽管目前以小企业家、艺术家为主题的艺术场所等发展较快，但是作为园区特色发展的龙头企业还需要进一步的培育和扶持。

总　结

从以上的对比研究可以看出，同样的艺术产业园区，在规划、管理、服务等方面的不同，会呈现不同的发展态势和生命质量。从全球经验而言，坡州Heyri艺术村未必是发展最好的艺术产业园区，但是与北京798艺术区的对比中可以看出许多值得借鉴和学习的地方。

一方面，对于内生性因素需要高度重视。

第一，顶层设计必不可少。不论是自主建设还是自发集聚，产业园区必须对自身的建设路径和发展目标有一个合理的规划和科学的定位，同时围绕这一目标展开园区设计改造、艺术家进入、配套设施完善等相关工作,推动园区稳步发展。

第二,在产业类型上,必须做好产业结构布局,通过核心产业、重点产业、配套产业等的分类,提升产业类型和产业结构,确保园区发展的产业方向。

第三,在经营模式上,政府、园区、艺术家要形成平衡的协作关系。政府取得税收,园区通过租金和其他配套服务设施乃至自营企业进行利润的收取,而艺术家通过出售艺术作品和相关文化服务赚取合理回报。只有形成合力的互不影响的盈利体系,才能更好地推动园区的发展。

第四,在进入人群上,结合园区的发展特色,必须设定一定的入驻门槛,保证进入的主流创意人群符合园区的产业发展方向和文化气质。

另一方面,要高度重视外生性因素对园区发展的影响。

第一,政府的扶持和管理是影响园区发展的重要因素。艺术家与管理者相辅相成,二者是互利关系,而不是零和关系。园区管理方有效的管理措施和良好的服务有利于艺术家及园区的优化发展;而艺术家的成功更有利于园区的做大做强。同时,政府需要根据园区发展不同阶段的特性进行有的放矢的扶持。

第二,社会经济周期也会较大地影响园区的发展态势。文化产业园区的发展受文化产业乃至整个国民经济的影响。因此,园区需要提高自身的抵抗风险能力,提高自身生命力。

第六章 我国文化产业园区优化策略研究

从国内外文化产业的发展历程来看，园区化（集群化）已经成为一种成熟的发展模式。党的十八届三中全会明确提出要进一步深化文化体制改革，加快文化产业发展。促进文化产业的提质增效升级，这就需要对文化产业园区的优化升级进行深入研究，延长产业园区的生命周期，提升园区发展的生命质量，通过园区的提质增效升级带动文化产业的可持续发展。

文化产业园区是区域文化发展、产业调整和升级的重要空间聚集形式，担负着聚集文化资源、培育新兴文化业态、推动城市化建设等一系列的重要使命。园区的建设与发展离不开顶层设计，需要从产业、空间、管理和服务平台等多个方面做好园区建设的研究并做好专项规划。产业类型与园区空间有着紧密的关系。从功能角度讲，有什么样的产业就会有什么样的空间。同时，空间也是产业的布局载体，服务于产业发展。管理与服务是当前文化产业发展的重要支撑力量，有效的管理将为园区产业的发展提供良好的外部环境和可持续发展的保障，而公共服务则是体现园区产业集聚、后勤保障、技术支撑等的重要渠道。这也是新经济形势下文化产业园区优化发展提质增速的重要抓手。本章将根据前文对产业集群生命周期理论的研究以及对北京798艺术区和坡州Heyri艺术村现状及发展历程的研究，从规划优化、产业优化、空间优化、管理优化、服务优化和功能优化六个方面展开论述。

第一节 规划优化策略

当前，随着我国提出"文化产业成为国民经济支柱性产业"和促进

"文化创意和设计服务与其他产业的融合发展"等理念,文化产业不仅仅是文化领域的产业发展,更是涉及国民经济多个方面的有着巨大经济效益和社会效益的现实。只有促进文化成果向经济效益转变,通过向传统产业的渗透和产业链的整合与延伸,进行深度开发,才能充分释放文化的经济价值,收获文化产业的效益。而在这其中,文化产业园区将发挥不可替代的作用。历史经验证明:文化园区在改善区域文化环境、引进文化艺术人才、促进产业结构调整和发展经济等方面具有良好的示范、辐射和带动作用。但是,这种作用,不是文化产业自发聚集就能得到有效释放的,而是紧紧依托在科学的规划之上。曲江、张江等知名文化产业园区的发展无一不是科学规划科学发展的结果。因此,园区优化升级的首要策略就是要加强顶层设计,做好发展规划。

一 文化产业园区的"乱象"

在"十二五"期间,由于缺乏规划,我国文化产业园区乱象丛生。有关调查资料表明,全国新建设的上百个城市文化产业园区有40%处于倒闭状态,有40%处于亏损状态,有10%处于维持状态,仅有10%处于盈利状态。[①] 而这10%中,完全依托文化及相关产业盈利的比例可能更低。这种乱象主要体现在以下几个方面:

一是盲目一哄而上。广告产业园、音乐产业园、新媒体产业园、出版创意产业园、动漫产业园等多如牛毛。根据浙江大学传播研究所所长邵培仁教授的统计,仅北京、上海、广州、深圳、杭州、南京等10个城市,短短四五年时间就建了300多个文化园。[②] 盲目上项目建园区导致的后果就是园区发展的进度和水准大为降低,譬如项目太宏大,投资巨大,短期内难以实现盈利,发展前景暗淡;争打"名人牌",透支历史资源制造文化泡沫,产业园有形式无内涵,发展后劲不足;定位不准确,规划不合理,园区入驻企业流动性大,无法形成文化集聚;等等。

[①] 参见付宝华《关于城市文化产业园区规划的几点担忧》,http://cxgh.cj.gov.cn/structure/ghltnr_245594_1.htm。

[②] 参见廖君、冯源、杨一苗、赵仁伟、孔祥鑫《文化产业园:火爆背后弊端丛生》,《经济参考报》2012年6月8日。

二是"空壳化""地产化"严重。由于对产业链条的认知和规划不够，一些园区建好后，通过优惠政策吸引一批文化企业入园发展，但是这些企业本身并无明显的产业上下游关系，也较难形成文化产品的生产与服务链条。在此情况下，尽管入驻企业不少，但园区文化产业孵化功能较难实现，只能依靠房租的收取来维持日常运转，园区功能逐渐"写字楼化"。甚至，文化产业园区完全变成房地产。

三是同质化现象严重。文化产业在文化体制改革的历史背景下逐步发展，园区建设缺乏理论指导，需要在实践中进一步摸索。由于政策趋同、缺乏创新等，许多园区发展类型相似、优惠政策趋同、入驻门槛不高，园区方出于政绩要求急切需要企业入驻。因此，产生了一批不关注市场只研究政策的"候鸟式"文化企业。这些企业通过对各个园区优惠政策的研究，选择优惠效益最多，搬迁成本最低的园区入驻，一旦政策优惠期结束就换个地方，从而影响了文化产业园区的可持续发展。

四是缺乏市场调研，高估历史资源，制造文化泡沫。透支历史文化资源，烧钱多，回本慢，盈利难，同时破坏了固有的历史文化生态。或是在逐步发展中才发现了新的目标和趋势，从而逐步进行产业更替，造成了资本和时间的大量浪费。

二 强化园区规划

园区规划是园区建设的龙头，规划决定园区建设的规模、方向和品位，更是园区生命周期发展的重要灵魂。规划科学与否直接决定着园区发展的生命长短，所以园区在基础建设过程中必须始终坚持"规划先行"的指导原则。[①] 从坡州 Heyri 艺术村的典型案例可以得知，顶层设计与规划对于园区发展的重要性。通过一开始对园区宗旨、发展方向、管理体制、建筑等基础设施建设等的规划，逐步打造出了一个世界知名的文化产业园区，避免了自发聚集发展所带来的弊端，也有效地解决了艺术与商业的平衡发展问题。

当前许多园区规划无法很好地指导园区发展的重要原因就在于对园区

---

① 参见王启魁《产业园区规划思路及方法》，http://www.docin.com/p-685502920.html。

文化内涵立意与性质的定位不准确，使得园区发展的目的与市场需求、空间布局、产业结构等都出现了偏差。同时，由于我国文化产业规划理论还不成体系，理论指导性不强，所以使得不同区域的文化产业几乎按照同一个标准来规划：根据地方政府的发展要求，将需要达到的文化产业增加值或就业人数进行倒推，将之分解到若干子门类或是重大项目中，随后进行功能区的空间分割，将产业要素和重点项目平均放入，这重点体现了地方政府或相关领导的意图，而对于区域文化特色、优势资源、市场前景等都没有进行实地考证与核算，通过虚构的数字来完成园区的构建，因此做出的规划落地性较差。

目前，这种情况比较普遍。文化部相关领导提出在未来发展中，要对园区的审批和相关经营活动加强管理。在这一过程中，政府要发挥"把关人"的作用，鼓励企业充分结合当地产业发展的实际情况进行合理规划。具体而言，要优化园区建设，首要的就是优化规划。以下几个方面需要慎重考虑：

如何从产业链的角度对现有区域的文化资源进行梳理和分析，研究区域的文化特色和竞争力所在的关键环节。

如何结合区域的产业基础和资源禀赋，进行文化产业定位选择主导产业和培育产业，从而更好地实现空间上的产业分布，形成符合实际的功能区块。

如何在园区管理和盈利模式上实现突破，保持可持续发展趋势，延长园区的生命周期，优化发展质量。

如何围绕产业（企业）的发展需求全方位打造公共服务平台，构建有特色的文化产业服务体系，帮助园区内企业降低发展成本，提升核心竞争力，进而提升产业效益。

如何正确处理企业、园区和所在区域的协同发展问题，处理好创新创业和创客之间的关系，提升区域文化经济发展的内生动力。

无论是现有文化创意产业园区的进一步发展，还是新的文化创意产业园区的开发建设，文化产业园区的经营管理者都可能面临一些共性的发展问题。因此，要深入考虑园区的整体定位、总体目标和阶段目标、相关产业链条的设计、专业服务系统的搭建、管理系统的建设等，尤其要注意规划园区的空间市场到底有多大？做到文化生产与文化消费的有机统一，确保产品和服务的"适销对路"。

第二节　产业结构优化策略

文化产业园区是大量产业联系密切的文化企业以及相关支撑机构（包括研究机构）在空间上集聚，通过协同作用，形成强劲持续竞争优势的经济现象。[①] 我国文化产业园区的集聚都是在税收、土地、租金等政策优惠形成的低成本基础上进行粗放式"扎堆"而形成的，而不是以产业链互补合作和创新为基础的。大多数园区缺乏自主创新能力，存在着"大而不强"的隐患。

集聚效应使文化产业园区内外大量相关企业和行为主体集中在一个固定的范围内，并通过有序有效的结构化组织治理，推动各种产业活动之间的协同配套，从而形成外部规模经济。在此意义上，优化园区发展方式，就需要围绕产业链推动产业调整，促进园区内各生产环节协调发展，并在不断满足市场需求的过程中合理化和高级化。在"十二五"期间，我国文化产业园区在产业结构方面存在的问题日益凸显：产业有集聚无集群，有产品无产业链。因此，"十三五"期间我国文化产业园区要可持续健康发展，就必须注重产业结构的优化，既要强调核心文化产业的主导作用，也要注重辅助产业的支撑作用，形成"主导+支撑+其他"的产业格局。

一　强化主导产业的核心地位

文化产业结构是指文化产业内部构成及其比例关系，它代表着文化产业的发展层级，决定着文化产业的发展规模。[②] 优化产业结构，就是要在文化产业集聚的发展过程中，明确主导产业，并确定主导产业的绝对优势地位。

[①] 参见康小明、向勇《产业集群与文化产业竞争力的提升》，《北京大学学报》（哲学社科版）2005年第2期，第17页。

[②] 参见马学强、赵树廷《加快调整优化文化产业结构》，《大众日报》2010年10月30日，A11版。

文化产业园区是一种集聚式的发展，产业结构中始终有主有次，而主导的文化产业才是该文化产业园区的核心竞争力所在。因此，综合性的文化产业园区要突出核心产业。专业性的园区要凸显核心环节。简而言之，科学的园区产业结构应该是大树形，依托主导产业搭建相关的产业结构，主干产业之外还衍生着其他配套性产业。在产业集聚效应下，主导产业的发展将进一步推进和拉动其他配套的生产性和非生产性产业的产生与发展。主导产业和配套产业不是拼盘式地实现几大产业的集合，而是逐步形成有主有次、层次分明的网络式结构。

纵观国内外著名的文化产业园区，其成功之处就在于产业类型和布局的优化与动态发展。以坡州 Heyri 艺术村为例，经过十多年的发展，其逐步形成了以艺术创作为核心的艺术品销售、创意设计、会展、交易培训、旅游观光等文化产业格局。在经济效益考量的前提下，该艺术村发展的主导方向依然很明确。总体而言，其产业格局清晰，主次产业分布有序，产业特征明显，辅助性产业较好地起到了支撑与支援作用。作为世界知名文化产业集群的坡州 Heyri 艺术村在商业与艺术之间形成了双赢的平衡。

二 处理好产业间的比例关系

优化产业结构，要重视主导产业的核心地位，同时也不能忽视辅助产业的支撑作用。要时刻关注产业发展和市场取向，引导相关产业及辅助产业的发展。因此，要根据发展需要，在现有产业的基础上，不断调整相关产业的比例，引入一些新的产业优化整体产业结构，通过实施动态的科学管理，逐步提升园区产业发展的层次和水平。

当前，我国不少文化产业园区在发展中忽视了产业结构的问题：或者单纯引进同一类型的企业入驻，缺乏产业链条的协作关系，同质化严重，难以形成梯次产业结构；或是引入了多种类型的文化企业却因为过于庞杂，最终经济利益占上风，本末倒置，使得核心发展的文化产业门类逐步被辅助产业所淹没。

因此，文化产业及相关企业集聚度成为文化产业园区发展的重要指标。围绕产业集聚的问题，不少省份出台了政策性指导意见。譬如，广东省出台了《广东省文化厅关于文化创意产业园区（集聚区）的管理办法》，该办法重点规定了"文化企业数量占园区企业总数比例须达到60%以上"，或者"文化产业总产值与营业收入之比占园区总产值和营业收入之比的60%以上"，两个"60%"选其一即可，而不是硬性规定。

相关研究指出，根据对上海田子坊、同乐坊、1933老场坊等典型文化产业园区的分析，可以发现其业态配比的一般规律为：商业休闲占50%~70%（其中餐饮类40%左右，零售类40%左右，文化娱乐类20%左右），创意办公占10%~20%，其他配套（主要是酒店或展示空间）占10%~20%。[①]

从字面上来看，明确地规定入园企业的数量有违市场经济发展的基本规范，但是对目前文化产业园区的发展而言，尤其是从保证园区文化产业正常发展、扭转目前文化产业园区"地产化"现状的角度而言，这种引导性和规范性的政策大有必要，这一指向性的要求对文化产业园区内的企业和产业比例具有良性配置的作用。只有达到如此比例，才能保证文化产业在园区内主导性发展，才能确保这些入园企业正常、充分地享受文化产业园区发展的相关优惠政策。但是，就全国范围而言，这种引导性政策还不成体系，还需要进一步完善。

就北京798艺术区发展而言，其产业发展也是逐渐呈现一种动态的变化：从初期的纯粹创作与展览逐步发展为当前的集创作、交易、展示、旅游观光、音乐、会展等多种业态于一体的综合性园区。但是，与坡州Heyri艺术村不同的是，北京798艺术区在商业化过程中，其主导产业演变思路不明确，艺术产业的影响力逐渐下降，其他辅助产业在商业利益的驱动下逐渐兴盛，其作为艺术园区的发展轨迹已经逐渐偏离轨道。当前媒体报道的"衰落"，其核心就在于北京798艺术区没有妥善地处理好主导产业与辅助产业比例关系的产业结构问题，在艺术与商业的博弈中，商业的发展改变了区域内产业生态，使得艺术园区不再"艺术"。

在未来发展中，于北京798艺术区而言，就是在现有的产业格局中，形成以"现代美术"为核心的集聚音乐、会展、设计等产业形态的"大艺术园区"，即将主导产业做大做强，尽可能地延长其成长的生命周期，

---

① 参见李康化《文化产业园区要轻"园"重"区"》，《中国文化报》2013年8月17日。

在发展与成熟的两个阶段为世界美术史甚至是世界艺术史做出新的贡献，形成新的绘画流派或者理论体系。在此之外，发展相关的配套产业，实现利润链条的多元化。

三 加速"产业链条"的延伸

文化产业园是文化产业集群的外在形态，而产业集群形成的关键则在于产业链条。产业链是产业集群生命周期中重要的纽带。通过产业链将不同的上下游企业相连接，形成集群效益，促进产业集群的快速成长，从而更好地延伸产业链条，通过劳动分工，实现产业的整合发展。

文化产业园区的全产业链结构比其他产业具有更强的融合性和拓展性。由于文化资源的可重复利用性，文化产业园区的生产是同一种内容资源在空间和时间维度上进行的重复使用。一方面，园区内的文化生产以创意内容为核心，通过纵向伸展，实现上下游各产业要素的有机连接。同时，又可以通过重复生产进行横向产业或生产环节的双向贯通，实现内容资源重复开发的二度价值增值。同时，产品的开发需要以顾客需求为导向，紧抓目标受众在生活方式和消费方式上的变化，确保文化产品生产的时效性和动态适应性。[1] 园区的发展是一个可持续的变化过程，在这一过程中，随着企业间的优胜劣汰，产业结构也会逐渐地进行优化升级。

当前，我国不少园区因为没有形成产业链条，所以在发展中无法形成有效的产业集聚进行"簇群式"发展。譬如当下许多的动漫园区，以一两家动漫企业为龙头进行产品的创意生产，缺乏上下游的产业链接，更缺乏横向的产业集聚，逐渐沦为某一个或者几个动漫公司的生产基地。

因此，从园区发展的角度来看，产业链越完善，产业集群中单个企业所能够获取的外部效益就越大。一般而言，产业链具有三种不同的集聚形态：一是纵向产业链，即多种产业共享一种内容资源，形成价值链延伸；二是横向产业链，即园区内企业间的协同效应形成的规模经济；三是整合

---

[1] 参见吴志华《基于集群供应链的文化产业园发展路径》，《南京财经大学学报》2008年第5期，第17页。

的产业链,即产业要素的整合。纵观文化产业园区产业集聚过程,这三种集聚形态并存。[①]

在集聚的过程中,资金、技术、知识等要素集聚于此,分散到各个产业环节中,促进了产业链条的延伸与发展,就使得园区内文化产业的发展出现了层次:主导产业、培育产业、辅助产业等在企业的分工与产业链的形成中逐渐明晰。同时,这又反过来促进了园区内部生产要素的流动,推进了园区内部产业结构的发展,并且使得文化产业园区从最初的匀质无序状态演化为成熟的有序自组织系统。

第三节 空间优化策略

空间是文化产业园区(集群)的载体,园区的空间布局应该体现产业集群之间的紧密关系。因此,在园区空间布局中,要充分考虑产业优化中产业链的上下游关系以及园区公共设施与产业链的紧密程度,从而确定园区整体规划布局方式。

纵观当前文化产业园区发展空间变化,其存在着几种现象:一是过度重视办公室空间的建设,而忽视了创意空间氛围的营造。文化产业的生产车间如果是绿地、咖啡馆、图书馆或是画廊等,思维会相对放松,容易激发灵感,文化产业不像工业那样需要整齐的厂房、固定的设备和定点的上下班等。然而现实中,不少园区的创作空间日益办公室化,创意的氛围非常淡薄。二是忽视园区建筑的外部利用。国内不少园区从外表上看都一样,都是清一色的高层建筑。以坡州 Heyri 艺术村为例,每个建筑本身就是一个艺术品,不同的艺术品具有其特定的识别性。建筑物的外表成为建筑内产业或者企业的重要系统信号。三是对生态环境重视不够。对于寸土寸金的国内园区,尽可能地拓展建筑面积是行内一致的想法,而对于绿地等生态面积的利用则极为吝啬。

因此,未来园区发展,尤其是文化空间的优化发展,需要从以下几个角度考虑。

---

① 参见王齐国、张凌云《文化产业园区理论与实践》,山东大学出版社,2011,第178页。

一 产业空间多元化

根据产业功能的不同对园区空间进行分区。这种分区，明线是根据承担文化功能的不同，暗线则是产业链条发展的需要，这种分区在一些由工业建筑改造而来的文化产业园区上表现得极为突出。

工业建筑一般都采用大型的承重骨架结构，结构复杂且技术要求高，建筑坚固耐用；建筑的内部大空间具有使用的灵活性，易于空间的变更调整。所以工业建筑的本身寿命远远长于其功能寿命，完全可以利用这一特点，[1] 在其物质寿命期间根据不同的使用要求多次变更其空间布局。利用艺术化的思路，充分进行创意化开发，灵活进行空间分割和布局，特别是对于博物馆展示而言其需要大面积的开敞空间，并要求根据实际布展需求随意分割、灵活布置展示内容。同时，可以根据不同需要，将其改造成为大型的会展场所、观光平台、纪念品店、餐饮区等，通过空间上的分布，实现相关产业的延伸发展。

未来的园区内部，产业类型多样，各种文化企业聚集在一起，相互碰撞融合，促进了多重产业链的形成。随其而来的各种配套的商业、服务行业的运作逐渐会与园区本身融为一个整体，如何实现创意主体与配套环节之间的有效互动，既能提升园区的发展速度，又能营造良好的生活工作空间，这也是当前国外"园区社区化"的重要动向，也是我国文化产业园区建设的重要趋势。

以北京798艺术区为例，要使其更好地成为具有中国特色、世界知名的艺术区，在产业分布上就需要重新布局，其核心在于"艺术产业组团集群，配套产业分散环绕"。未来的北京798艺术区应当以当代艺术、创意设计、先锋音乐为园区发展的三大主导产业。因此，在园区整体布局上，应围绕主导产业与配套产业之间的关系，根据产业特色与功能，建设三大特色产业功能组团，围绕核心功能区，逐步延伸其他产业链条。

此外，为了更好地服务产业在空间上的分布和延伸，还要注重园区辅

---

[1] 参见卫东风、孙敏《从奥塞车站到奥塞博物馆的启示——旧建筑改造的成功案例解析》，《南京艺术学院学报（美术与设计版）》2007年第4期，第171页。

助设施的建设，为园区的配套产业提供空间。以澳大利亚布里斯班创意产业园区（CIP）为例，其内部设置了 La Boite 剧院、"艺术之州"教学区、动画和设计实验室、排练和表演场、创意企业工作空间等，同时，在其周边还陆续建设了商业设施、中小学、健身活动中心、绿地公园、适合各阶层的多元化住宅、写字楼、轻型制造业工厂等，有效带动了周边发展。

就目前的发展来说，文化产业园区的建设更多地集中在废旧厂房的设计利用上。因此，在旧厂房的改造和园区发展上，一定要充分发挥各种空间职能，争取效益的最大化，多渠道进行开发，将原本呆滞的厂房创意改造成为特色鲜明的办公、商业、旅馆、休闲等空间，实现空间的多元化异质化发展。

二 文化空间异质化

当前我国大多数园区外观千园一面，都是高大建筑的集合。在文化空间营造上人性化关怀不够，园区的文化不仅体现在产业积淀和文化馆所上，一处独特的花园，一尊精致的雕刻都可以体现出文化产业园区的品位与魅力。但实际上，我国文化产业园区的建设往往忽视其为人服务的本质，造成许多建筑空间不能完全满足创意工作者的使用要求。文化产业园区对文化氛围的追求度较高，良好的自然环境和人文环境，可以吸引国内外知名文化创意企业入驻投资。要加强园区历史文化资源的挖掘，在园区整体空间布局上，就应重视文化氛围的营造。尤其是在某些具有特色文化价值的艺术园区建设上，需要从文化战略的高度考虑。

以巴塞罗那的公共文化环境建设为例，从中可以清楚地看到文化环境对于文化产业发展的重要性。为了迎接 1888 年巴塞罗那市第一次举办万国博览会，巴塞罗那市加快了城市美化的步伐，1880 年巴塞罗那通过的《裴塞拉案》（Proyecto Baixeras）指出，建筑具有政治利益，所有的公共建筑物具有代表城市形象的作用。在这种意识的主导下，巴塞罗那开始大量进行文化建设，加强城市形象的塑造，其中重要的手段就是在城市公共空间设置艺术品，而衍生出来的文化政策相继出台。《裴塞拉案》的出台最终促成了巴塞罗那的公共空间雕塑品创作第一个高峰期的出现，奠定了巴塞罗那"艺术之城"的基础。

巴塞罗那的兴盛不是因为它有全面宏伟的综合规划，而是因为其借助规划设计，小处着眼，将艺术的号召力从美轮美奂的高大建筑扩散到整个城市的各个角落，无形中逐步改善了城市公共空间环境，这就是后来闻名于世的"针灸法"：一处小公共空间的改善，会引发周边功能、环境、经济社会活动的连锁反应，所以政府无须全面改造，只需扎入一个"针头"。其具体做法是先从小型公共空间入手。例如，将废弃地、停车场改建为休闲公园或恢复为小型广场，其设计手法简单、朴实、平凡，人和周围建筑是空间的主角，以最小的成本，有效地开拓和丰富了市民的公共场所。同时，将过宽的机动车道缩减并形成一条连续的景观步行道，使整个城市从工业的浓厚感中挣脱出来，显得活泼又灵气。公共艺术的繁荣昌盛，加之优美的自然环境，带动了旅游业及其相关产业的发展。目前世界上的旅游城市很多，但是以其公共文化空间著称的，唯巴塞罗那莫属。

从某种角度而言，营造一个园区的与营造一个城市的公共文化环境是一样的，最重要的就是通过有效的创意改造，从细节入手，精心设计优秀的文化景观，为园区内的入驻人群提供良好的休闲、休憩空间，不断提升公共文化环境的品质，从而为园区的可持续发展提供持久的环境支撑。

异质化不代杂乱化。因此，在异质化空间建设中，园区指示系统必不可少。园区指示系统的建设有利于推动公共文化空间更加有序。一是要强化指示和识别系统。通过创意设计，将指示设施与园区的环境较好地融合，指示设施本身也可以作为一种艺术作品独立设置。二是要突出标志性建筑形象。以坡州 Heyri 艺术村为例，草莓乐园等作为园区的标志性建筑，既能成为园区的定位标志，又较好地保留了文化记忆，给人们带来了新的建筑体验。三是强调园区公共空间的生态化营造。当前国际上许多文化产业园区注重生态化建设。利用地形做景观的传统优势，因地制宜，依坡就势，形成高低错落、层次有别的景观与台地庭院式园区空间形态，将园区景观与自然坡地融为一体，使楼体与环境完美融合。

三　公共空间休闲化

文化产业园区不同于工业园区，它既具有工作性，也具有生活性；不仅是生产、生活的场所，也应该是市民体验文化、休闲旅游的目的地。因此,良好的休闲空间是园区品牌建设的重要内容。

园区公共空间的休闲化,核心在于对园区进行空间布局时要注重公共休闲空间的打造。公共空间的打造不仅为园区建筑提供了一定的过渡空间,同时通过完善酒吧、餐饮、酒店、公交等配套设施,为创意人群提供了交流、休闲、放松的生态化空间。因此,在设计园区公共空间时,需要考虑与园区产业类型相匹配,同时能够有效地融入园区的整体空间系统中。

从坡州 Heyri 艺术村的园区发展来看,其公共文化职能与经济职能同等重要。在建设过程中,坡州 Heyri 艺术村综合考虑了不同产业所需要的公共空间的个性与协调性,从而为不同艺术家、不同人群提供相应的交流与碰撞的空间,营造出了许多创意空间。譬如,展馆或博物馆在园区的比例比较适中,使得各种艺术成果能够通过固定的展览方式有效地呈现给外部游客,提升自身的影响力和知名度,同时通过创意品的集聚完善自身的公共文化服务。从城市角度来讲,坡州 Heyri 艺术村是坡州市重要的特色区域和文化品牌,通过有效的旅游线路,其已经成功地融入城市整体公共空间体系内,吸引了大量的游客参观浏览,参与到园区的创意活动中,带动了园区内各类产业的发展,实现了艺术村内与村外的资源交流创意互动,产生了较好的社会效益和经济效益,成为城市公共空间建设不可或缺的组成部分。

在此意义上,不仅仅是坡州 Heyri 艺术村,世界上许多知名的文化产业园区都很好地与所在城市建设进行互动,在打造园区内公共文化空间的同时也将自身升级为城市的公共文化空间。同样的,位于澳大利亚布里斯班的凯文·格罗夫都市村庄(简称 KGUV)也是园区休闲空间营造的典范。该园区在空间建设上强调文化的内聚与包容。它通过大学的嵌入、社会多元化住宅等功能构成的方式摒弃了社会区分。每个周末的市集不分人种、身份、收入等,成为各阶层的人们享受阳光、购物交流、欣赏各种街头表演的其乐融融的高品质公共空间,也带动了其他产业的飞速发展。

可见,园区的空间趋于公共化方向发展将成为今后文化产业园区发展的重要特征。因此,未来园区的发展,在注重产业效益的同时,还应该承担更多的公共文化服务和城市文化传承的职能，回馈市民，体现品牌，适度地在产业空间中开辟公共文化空间，营造良好的文化服务氛围，使创意园形成一个完整而又极具特色的园区户外公共活动空间。

总体而言，未来文化产业园区的发展应着力在旧有建筑的改造升级，而不是无限制地开发土地建设新园区。同样的老建筑，需要从中找到新的亮点，即在同质化的空间中找到异质化突破点进行优化升级，依据产业类型进行建筑特色设计，实现产业空间的特色化和个性化，打造不一样的空间气质，体现文化载体的特殊性和文化韵味。进入园区，视觉的不同已经让游客产生了无限的想象。

第四节 治理优化策略

当前文化产业园区的管理不仅是园区管委会的事情，作为一个开放性的文化发展组织，园区多中心治理的趋向已经越来越明显。传统意义上，我国文化产业园区的基本管理模式有四种。第一种是业主主导型，即各类创意人士集聚而自然形成的园区实行自我管理。第二种是政府主导型，即通过政策导向，在城市区域规划的文化产业园区，通过租金减免、税收优惠等政策吸引相关文化企业入驻实现集聚化发展。第三种是专业机构主导型，即政府提供空间，完全委托文化产业运营商进行园区的建设、招商和管理。第四种是房地产商主导型，即房地产商在地理位置相对优越、投资成本较低的区域改建或兴建文化产业园区。

一 优化治理模式

文化产业园区的发展是多种力量集体作用的最终产物。在园区发展的初期，其管理主要存在于园区管理方与入驻企业或入驻创意人群之间，是一种简单的"管理"与"被管理"的关系。随着文化产业的飞速发展，园区的发展也越发复杂化。园区作为文化产业发展的平台，已经完全跳出了政府与入驻者或者房东与租客的范畴，相关联的利益主体越来越多元化。坡州 Heyri 艺术村的产权归艺术家所有，但是在其发展中，政府部门、投资公司等也越来越多参与其中。而在北京 798 艺术区的管理模式中，政府部门、企业占据优势，入驻的艺术家缺乏表达机制，从而在租金等多个方面矛盾不断。因此，园区要顺畅发展，管理的优化必不可少。

随着文化产业园区的发展，园区的创新功能和价值功能逐步引起外界的关注，政府部门、投资商、各类消费主体等都陆续加入园区管理方与入驻企业及人员的二元阵营中，使得园区内行为主体日益多元化。这些行为主体根据各自的利益，相互牵制又协同发展，使得园区的管理日益复杂化。

针对这种行为主体的多元化，园区的管理无法再实施从前的以"管理者"为中心的治园模式，而需要从合作共赢的角度，通过多中心治理实现园区的有序发展。多中心治理，意味着园区管理方不再是唯一主体，而只是其中一个主体，其管理方式也从以前的直接管理变为间接管理。在多中心治理中，园区管理者更多地扮演了一个中介者的角色，即制定多中心制度中的宏观框架和参与者的行为规则，通过多元主体的公共议事，鼓励多元参与，让不同的利益主体参与园区公共事项的讨论与决策，实现园区利益主体的民主表达和利益共享。

在此意义上，优化管理就是要创新一种新的思路，实现"人人管大家、大家管人人"的相互治理的局面，从而提升"人人都是主人翁"的意识，实现园区内各方利益的和谐共赢。北京798艺术区发展中存在的最关键的一个问题就是园区主体之间的利益失衡，这也导致了园区内生态群落的失衡。

因此，未来文化产业园区在治理方面，需要借鉴坡州Heyri艺术村等园区的治理经验，要充分调动园区内市场主体的积极性，充分考虑其利益，建立一个由多方利益主体共同组成的民主协商组织，保障艺术家充分的发言权，以及他们对园区管理的监督权，甚至可以让长期在园区内发展的艺术家，充分参与到园区的运作中来。

二　优化园区管理机构

我国传统意义上的园区管理模式，大部分都是由政府派出相关行政人员组成管委会进行管理。这种管理难免出现"外行"管"内行"的现象。尤其是文化产业生产与价值评估不同于传统的实物生产，具有其独特性，无法通过传统的工业园区管理模式进行有效管理。因此，优化园区的管理机构是推动文化产业园区可持续发展的重要因素。一方面，试行所有权与经营权相分离，试行委托有经验的专业公司对文化产业园区进行托管，将物业管理权限与行政管理职能分开，实现真正意义上的权力分立，推动园区管理的规范化。另一方面，成立由政府官员、园区产权方、入驻企业家、艺术家代表等组成的园区理事会，鼓励入驻企业及艺术家为园区决策提供咨询，使入驻园区的创意者与管理方实现友好互动和良性循环。

三　创新服务模式

园区不仅仅是提供空间，在提供增值服务等方面更要加强，其中围绕产业发展构建有效的公共服务平台是提升园区治理能力，强化园区服务功能的重点。围绕园区内企业发展的需要，统筹规划建立园区信息交流的平台、企业形象和产品展示的媒介平台、服务企业发展的技术平台和金融平台等，通过提供投融资咨询、产权交易、项目评价、人力资源、营销策划、宣传推介、设施维护、办公会务、物业安保、绿化保洁等公共服务，全面服务于园区建设。

"助力中国创意"的上海德必文化创意产业发展有限公司（下称德必公司）在园区产业服务方面做出了有效探索。德必公司作为上海专业的创意办公园区开发和运营公司，其运营模式是集创意产业聚集园区投资、设计、建设、运营、平台式整合创新服务为一体。迄今为止，公司已在上海为300多家创意企业提供了服务，包括新媒体、网络、多媒体、设计、广告等众多知名企业，其旗下运营的6个较为著名的园区——易园、运动LOFT创意基地、法华525、徐汇创意阁、虹桥525以及老洋行1913，始终保持着98%左右的入住率。[①]

德必公司成立了德必创意企业服务中心，主打基础人才服务、基础法律和政策服务、投融资服务、企业管理咨询服务、财务管理服务、品牌推

[①] 《文化产业园区空壳化明显　轻园重区是正道》，搜狐焦点产业新区，http://chanye.focus.cn/news/2013-08-19/3828855.html。

广服务、产业资源配置与高层交流服务七大增值服务（见表6-1）。

表6-1 德必公司产业服务一览

增值服务	内容
找政策	打造政策集成平台，为企业提供最详尽的扶持优惠政策；方便企业寻找政策扶持和创新点
项目申报	为企业提供政府基金申报及资格认定服务，使企业在第一时间能够获取申报信息，并凭借多年产业浸润及政府部门合作经验，使企业申请通过率大大增加，主要申报项目包括孵化企业认定、软件产品登记、中小企业发展专项、孵化器资助资金等
找资金	成立天使投资与德必文化创意企业孵化基地，利用"租金换股权"的特色投资方式完成对优秀有潜力的中小型文化创意企业发展的扶持。作为上海市创意设计产业中小企业贷款服务五大受理点之一，为企业提供方便的贷款咨询和交流服务。同时，引进国内外著名风险投资商与园区创意企业对接，以满足创意企业发展的资金需要
高端资源交流	组建了"上海文化创意产业CEO俱乐部"，定期举办活动，搭建各类文化创意企业CEO商务交流沟通的信息平台，让产业的上下游能够自由沟通、交流、合作，产生1+1大于2的效果。其先后举办了小微企业融资渠道专题讲座、2012上海移动互联网论坛等活动
品牌推广服务	承建了上海创意产业品牌推广子平台，与上海财经记者俱乐部合作，整合多方资源，为有潜力的园区企业提供整合品牌推广服务，并为全上海的文化创意企业提升品牌价值，促进产业健康、快速发展。主要服务活动包括品牌诊断、线下展示、专业培训、新闻监测、品牌顾问等
基础人才服务	联合园区内的数百家企业，汇总客户招聘要求，定期开展文化创意产业社会招聘及校园招聘活动，并为其新进员工进行职前培训。同时为需要特殊岗位的公司在各行业相关网站代企业发布信息，帮助中小型企业解决找人难的问题。同时，还免费为园区内企业提供个性化团队拓展训练
基础法律和政策服务	与业内知名律师事务所如北京盈科（上海）律师事务所、上海中申律师事务所等进行合作，为中小型创意企业提供基础法律服务，帮助中小型创意企业合规经营，完善企业职能架构，也为创意企业提供知识产权的保护
企业管理咨询服务	与国内顶尖的企业管理咨询公司接洽，制定特别针对中小型文化创意企业如何管理的课程，提供给有需要的文化创意企业，解决企业大部分都是专业人才，缺乏管理经验问题，帮助他们突破管理和发展瓶颈
财务顾问服务	聘请专业的财务咨询公司，为中小型文化创意企业提供财务管理规范化服务

尽管目前德必公司的增值服务还不尽完善，但其独树一帜的运营模式

无疑对其他创意产业园区的产业服务提供了借鉴,通过一系列软性化服务,为入园企业提供良好的各项支撑,有利于文化企业专心于"创新"和"创意"生产。

四 优化人才管理模式

在文化产业园区的发展中,人才是最重要的因素。从职业特征来看,从事文化创意工作的人士更具有自主创业的特点,不是依附组织和单位,他们在不同城市间流动,以自发形成聚落的方式聚集在城市中,因为城市的文化设施、自由氛围、宽容精神和开放度不仅仅会为创意工作带来各种可能,更有利于创意活动的开展。[①]

文化产业的灵魂是创新,创新的主体是人才。首先,要从人才的生存问题入手,帮助人才解决子女教育、医疗、住房等问题,为其提供良好的生存环境。其次,健全优秀人才的奖励激励机制,开展文化版权股权和分红权激励的试点,对优秀的文化创意人才实施版权入股、股权奖励、分红权等多种形式的激励。再次,加快园区软硬件设施建设,为人才提供良好的创业氛围和文化空间。最后,加大对高端创意人才、高端商务人才、经营管理复合型人才的引进力度,让园区的发展不断地有新鲜血液注入,推动园区文化产业的不断发展升级。

第五节 功能优化策略

产业园区的核心在于经济效益,文化产业园区也不例外。但是,基于文化产业的特殊性,仅仅强调其经济功能显然不够,是不符合文化产业园区发展的客观规律的。近些年来,国外文化产业园区的建设明显出现了一种"人本化"趋势,强调文化产业园区不仅仅是经济的推动器,更是城市中人们享受文化、体验文化的重要休闲场所,是艺术家等创意工作者能够肆意放飞创意梦想,实现创意转变的重要基地。因此,文化产业园区的功能也要多元化。

---

① 参见张胜冰《文化产业与城市发展》,北京大学出版社,2012,第176页。

长期以来，人们将文化产业园区的建设更多地放在园区的硬件建设和产业的集聚上，将其定位于一个纯粹的经济体，而忽视了其所蕴含的展示、教育、休闲等人文色彩。在"十二五"时期，转化文化产业园区的发展方式，必须重新明确其功能，实现园区的综合化发展，改变以往的"唯GDP论"，将园区作为一个有机生命体来建设，在重视经济功能的同时，也要加强人才教育、休闲娱乐等方面的建设，将文化产业园区打造成为经济效益与社会效益并重的城市文化综合体。

一 生产研发功能

文化产业园区应成为创意转化平台。文化产业园区可以将人的知识、技术和思想转化成为具有高附加价值的产品，并产生经济效益。创意工作者只有通过研发新产品、融入新创意，才能有效地促进文化产业的不断发展。因此，生产研发是文化产业园区发展的最基本要求。

二 服务交易功能

文化产业园区不仅生产文化产品，而且也是文化服务的重要提供商。鉴于文化服务在生产与消费上的同步性，文化产业园区在强化文化生产的同时，也要进一步优化其文化消费的功能——注重服务交易功能的开发。目前，许多文化产业园区已经将"交易功能"作为园区建设的重要功能，尤其对于文化艺术产品的创作者来说，艺术家的工作空间，也可以是文化产品的交易展示空间，二者天然地可以合二为一。当前，不少艺术类文化产业园区在此方面的成绩有目共睹，实现了艺术品制作的前店后厂式生产，将文化体验与展示交易有机地结合在一起，实现了自身的平稳发展。

三 培育孵化功能

理查德·佛罗里达提出了创意经济发展的"3T"理论，该理论认为一个城市创意产业的发展取决于3个条件——技术、人才和包容，这也是一个城市吸引创意阶层、产生创新、刺激经济发展的必要条件。文化产业园在将分散的各类创意产业整合成完整的产业链的过程中，不仅是促进各相关产业联系和交融的孵化器,同时又是培训和吸纳高技术创意人才的吸收器。

根据世界科技园协会所做的统计和分析,2001～2011年该协会在全球的成员园区包括许多科技型的文化创意产业集聚区发生了深刻变化。园区的各种平台和项目中,拥有产业孵化器的比例从82.3%上升到91.6%,拥有研发机构和研发中心的比例从78.5%上升到80.7%。与此同时,园区的创新激励越来越采取"软—硬"相结合的举措。在刚性制度方面,越来越注重通过融资、税收、项目、优惠、租赁等方式进行激励;在软性鼓励方面,越来越突出人性化的服务,让创业者的创新活力在园区内获得充分释放。[1]

因此,文化产业园区必须利用上述优势,在文化产业园区内提供一定的教育培训场所,推动创意人才的培养,提高就业者的整体素质,同时,可以面向全社会进行文化创意方面的讲座、培训等教育活动,这样将更加有利于提升园区的文化辐射性。在培训教育过程中,"孵化"是非常重要的一项功能。当前,我国大部分园区在此方面欠缺较大。究其原因,第一,比较注重眼前利益,希望入驻企业当年就能产生经济效益,对于有发展潜力的项目或企业关注不够;第二,园区建设资金有限,特别是在当前文化融资渠道尚待完善的条件下,中小企业特别是私人文化项目争取孵化资金的难度较大;第三,当前不少园区管理者乃至地方文化产业管理部门对于园区的孵化功能尚不了解更谈不上支持和重视了。

因此,这种孵化功能不应只是立足于资源进行横向的产业初级形态的孵化,更应该纵深地实现企业的加速发展与创新。一个成功的孵化器离不开五大要素:共享空间、共享服务、租用企业、孵化器管理人员、扶植企业的优惠政策。企业孵化器为创业者提供良好的创业环境和条件,帮助创业者把发明和成果尽快转化成商品进入市场,并提供综合服务,帮助新兴的小企业迅速成长形成规模,为社会培养成功的企业和企业家。以中国传媒大学文化产业孵化器为例。其依托中国传媒大学东亿

---

[1] 参见花建《建设文化产业园区"3.0"版》,《中国社会科学报》2014年7月7日。

国际创意园,立足于中国传媒大学广泛的文化产业类专业和优质的教学科研资源,通过园区管委会的统一协调和文化产业研究院的智力支持,实现了创意点子—文化项目—文化企业的孵化机制,同时,根据各地文化产业发展的需要,提供各类资源与培训项目,有效地实现了"知识服务社会"的发展目标。据不完全统计,孵化器中现有入驻企业30余家,孵化项目近40项。

四 交流功能

文化产业园区的建设,还要体现其文化内涵,其娱乐空间也必不可少。国外成功的文化产业园区不仅是当地经济的推动器,也是市民生活休闲和娱乐的重要场所,甚至成为当地著名的旅游景点。因此,文化产业园区应建设成为人与人之间思维交流、情感交流和信息交流的平台,增强空间的可容性和文化性。以澳大利亚昆士兰科技大学所建的创意产业园区为例,园区内除提供相关休闲设施外,还为其中的创意者提供多元的交流平台。

国际上,KGUV被誉为全球第一个以"创意社区"理念规划和建设的新都市主义社区,其特点之一就是强调"人本化"在园区公共文化环境中的打造,强调公共生活的文化设计:注重通过特色建筑和人文景观的设计来塑造高品质的文化氛围,通过举办包括音乐会、创意者聚会等在内的公众活动,营造适合艺术家、朋友会面、增加沟通进而激发创意的文化氛围。此外,创意产业学院学生的作品向园区公开展示,企业则面向市场输出创意产品并及时向创意产业学院的师生传递市场信息,通过作品的交流,既提升了园区的创意生产能力,同时也提高了园区的文化生活品质。

总体而言,通过租金优惠、产业集聚、政府扶持等多种形式,实现园区经济功能已经不适宜未来园区发展的需要,单独强调经济功能也是不符合园区发展规律的。因此,"十三五"期间,转变园区的经营理念,将单纯的只以经济指标衡量园区发展转变为通过实现四大功能促进园区全方位发展,从而带动文化城市建设和文化经济发展,实现文化惠民的重要目标,这才是一个综合性的文化产业园区的最佳形态。

总　结

结合北京798艺术区与坡州Heyri艺术村的发展经验与教训，本章从规划优化、产业优化、空间优化、管理优化、服务优化和功能优化六个方面展开探索文化产业园区优化升级的具体策略。随着文化产业园区的发展，尤其是在国家文化产业的发展中，各类示范区、试验区、示范基地等建设逐步进入一个合理的规范化的发展阶段。园区的建设不仅仅是企业产业的集聚，更多地表现了政府通过园区建设带动一方文化经济发展的社会责任——政府的主导性、发展的责任感更加明确。因此，不论是已有的还是新建的文化产业园区，不论是要升级改造的还是进行产业转型的文化产业园区都需要从规划、产业、空间、管理、功能五个方面进行全面提升。

在规划的优化方面，要使园区的发展目标和轨迹有预先合理的设定。尽管随着政策和市场的变化，园区的发展方向会有所改变，但是主导的前进方向应该是在科学论证后需要长期坚持的。文化产业园区的发展具有自身的成长过程和规律，只有符合这种规律的规划才能有效地保障园区的科学发展。

在产业的优化方面，要使园区的产业属性得到保障。艺术产业园区必须是以艺术创作和交易为核心；动漫产业园区必须是以动漫的制作与销售为核心。产业的优化就是对园区未来发展的产业类型进行布局和分类，主导产业需要重点扶持，配套产业需要积极培育，其他产业类型可以根据需要适度发展。在此原则指导下，针对不同的产业类型给予不同的扶持政策，推动企业的入驻集聚和产业的集群化发展。

在空间的优化方面，要使园区主要功能区得以充分体现。工作区、休闲区等履行不同的空间职能，实现产业相对集中，空间相对异化，实现产业与空间的和谐。

在管理的优化方面，要进一步协调园区内部企业、管委会、创意阶层三方关系，通过多元共治实现文化共生，推动园区"人本化"、"信息化"和"社区化"发展，形成良好的利益攸关体，逐步形成园区与城市文化发展的良好互动。

在功能的优化方面,要更好地推动园区实现多元化功能开发,从单一的产业功能拓展为集创作、科研、产业、娱乐等多种生产消费形式于一身的现代文化产业群落。

当前,文化产业园区在文化经济发展中的作用越来越重要,不论是其产值还是其社会效益都为当地经济的发展提供了巨大的推动力。"十三五"期间,文化产业园区的可持续发展将为文化产业成为国民经济支柱性产业做出更大的贡献。

第七章 对"十三五"我国文化产业园区发展的思考

《中国文化产业发展报告（2014）》指出，党的十八届三中全会后，我国文化产业发展进入了"全面融合期"——与科技的融合、与其他产业的融合等使得文化产业的发展从传统的平面式传播逐渐走向立体式消费。就文化产业园区发展而言，其也面临着增效、提质、升级。在"十二五"期间，文化产业迅速成为经济发展的新增长点。在国家支持文化建设的大背景下，作为文化产业发展载体的文化产业园区也迎来了建设热潮。然而，经过一段时间的发展，园区发展呈现"虚热"状态，存在着数量大而质量不高，有园区无产业，有企业无集聚等不良的现象。不少文化产业园已沦为普通的商业区或是房地产，完全丧失了文化园区的本质。因此，研究文化产业园区的生命周期，把握其发展的一般规律和趋势，从而采取有针对性措施延长园区的成熟生命期，提升园区的生命质量是文化产业园区可持续发展的关键问题。

2014年4月，文化部修订印发的《国家文化产业示范基地管理办法》，提高了国家文化产业示范基地的准入门槛，同时建立了常态管理机制，完善了园区退出机制，为国家级文化产业园区的健康发展做出了制度安排，同时也为广大文化产业园区的健康发展树立了榜样。新时期文化产业园区要健康发展，就必须树立可持续发展的观念，从文化产业发展的客观规律出发，深入研究文化产业园区发展的生命周期，从延长园区发展及成熟生命期的角度出发，动态地研究和审视文化产业园区面临的各类风险，牢牢把握住文化产业持续创新的三大要素——动力系统、制度建设、要素管理，使文化产业园真正成为可持续发展的文化创新活力引擎。

第一节 文化产业园区可持续发展的保障机制

国内外许多著名文化产业园区的演变过程表明，文化产业园区也存在衰落与消亡的风险，不是任何文化产业园区都能够实现可持续发展。因此，在优化生命周期发展策略推动文化产业园区发展的同时，也要积极关注园区可持续发展的各种风险，做好各个生命阶段可持续发展的准备，推动园区的可持续发展。而促进园区可持续发展的关键在于建立一套适合产业集群形成与演化的制度。

一 产业政策有针对性

文化产业园区的生命发展历程必然存在消亡与衰落。通过可持续发展尽量延长其发展与成熟期，使其在稳定的环境中创造出更大的文化价值和经济价值。应对生命周期中出现的各种风险，要有针对性地在各个生命阶段做出形势研判和采取解决措施。

（一）形成阶段：规划政策要强化指导作用

世界知名艺术产业园区的发展经验表明，文化产业的集聚过程离不开政府的规划指导。纽约曼哈顿 SoHo 区在进行文化改造时，纽约市政府就对区域改造提出了"整旧如旧"等具体措施，在租金、环境等多个方面给予优惠和指导，为 SoHo 区的发展提供了巨大的帮助。例如，为了吸引外来投资而制定优惠的税收政策，为了帮助艺术家创作而制定一系列补贴政策等。政府在制定文化产业尤其是文化产业园区政策的时候，应将对文化产业园区发展的影响因素纳入考虑范围。政府应根据本地的具体情况制定具有特色的园区发展规划，并尽可能地培育一些本地不可移动的优势生产要素。[1]

（二）成长阶段：注重资金和政策的投入

文化产业园区成长阶段是产业集群逐渐形成协同溢出效益的重要阶

---

[1] 参见李颖《产业集群可持续发展的制度因素分析》，《云南社会科学》2011年第2期，第76页。

段,在这个阶段尤其要注重资金和政策的投入,以便为成熟阶段的到来做好基础的物质储备。重视资金扶持和环境营造是发达国家在文化产业园区改造过程中的共同点。以纽约曼哈顿 SoHo 区改造为例,政府积极探索与市场合作机制,充分利用社会力量包括房地产开发商和非营利组织,开发商的介入解决了政府对 SoHo 区建筑内部改造资金不足的问题,而且其高效率的运作模式促进了经济效益的提高。

(三)成熟阶段:注重产业结构的调整升级

文化产业的结构调整升级是文化产业园区实现可持续发展的关键。纽约曼哈顿 SoHo 区之所以能由一个单纯的艺术创作空间转变为一个世界知名的艺术产业区,正是因为其在艺术产业发展的繁荣时期,着力带动了如艺术品交易、旅游、时装设计、餐饮、酒吧等诸多产业的发展。

因此,要善于进行产业资源的嫁接,用活其他相关的文化产业政策。在园区发展上,可以将文化产业与其他产业结合起来,创造更多的产业链。如艺术产业园可与动漫公司合作,旅游产业园可与电影公司融通,等等,多角度、多思维地去进行资源嫁接,从而有效地利用其他产业门类的文化政策服务本园区文化产业发展。

同时,要注重规模化发展,只有达到一定规模的互补性较强的企业相互协作竞争才能形成闭环性的文化产业系统。这其中,园区优惠政策的虹吸效应十分重要。通过优惠政策吸引特色文化项目入驻园区,通过壮大文化企业获得产业优势,依托产业优势形成强大的市场号召力,这样才会引来更好更多的企业,形成产业积聚的规模化发展,从而降低运营成本,为立体式盈利提供可能性。

(四)停滞阶段:注重产业资源的整合

文化产业园区进入停滞阶段,产业发展的创新动力日趋衰弱,集群发展的负面效应开始出现。在这个阶段,需要注重对现有产业资源的整合。通过整合创新,为产业园区的蜕变转型提供发展的物质基础。

(五)衰蜕阶段:注重体制机制创新

文化产业园区发展到衰蜕阶段,就必须以政府为主导,寻求体制机制创新。鲁尔区的实践证明,随着产业结构的调整,园区组织机构、管理体制等都必须相应地做出调整。只有生产管理体制得到了创新,才能有效地释放文化生产力,才有可能孕育新的产业因子。因此,在衰蜕阶段,要通过体制机制创新寻找产业蜕变的催化剂,激发文化产业集群可持续发展的生命潜力。

二 商业模式的建立

文化产业园区是文化产业与区域的有机结合。每一个文化产业园区都带有明显的本地文化特色。因此,文化产业园区的发展应紧紧依托本地的特色文化基础,吸引全国甚至全球稀缺的文化资源落户本地,形成文化因素的高效配置,逐步摸索具有自身特点的商业模式。

作为市场主体,文化产业园区的商业模式是实现可持续发展的关键因素。当前,大多数文化产业园区还没有形成值得推广的商业模式,多数园区的运营紧紧依靠租金收入,园区内尚未形成产业链。如果没有产业链作为园区的支撑,那么园区最终只会出现——园区最失败的结果——靠房地产赢利。因此,园区运营必须探索并逐步建立自身的商业模式,将园区看作一个市场主体,而不仅仅是聚合产业、企业、创意者的公共平台。

首先,文化产业园区要有发展主题。文化产业是一个比较宽泛的概念。作为园区发展,需要确定自己的核心资源,也就是园区自身发展的主题,从而形成具体可行的发展方向,有效地实现企业入驻。以我国动漫产业园为例。在我国,动画属于广电行业,漫画归属新闻出版行业。因此,动漫企业入驻园区发展有两条路径:一是根据自身突出的产业特点进入影视产业园区,动画作为内容生产的有效部分,能够更好地借助影视产业园区中创意、制作、营销、放映等产业环节推动本身产品走向市场;二是进入新闻出版园区,漫画借助印刷、包装、发行进入市场赢得更多的目标受众。然而,在较长一段时间内,我国建设了多个动漫园区,积聚了一些同质化很强的企业入驻,大家都集中在动画本身的创作上,而与广电、新闻出版相联系的产业链条都无法实现较好的对接,沦为动画的加工厂,而不是真正意义上的动漫产业园区。因此,对于园区建设而言,在设计之时就要明确自身的行业发展方向,确定好自身在产业链条中的位置。

其次,要确定盈利模式。园区的发展,既需要助力企业发展,服务区域经济,同时其自身也需要形成一定的利润点。北京798艺术区发展过程中，产权方和管理方对于园区的运营与管理更多地集中在房租上，并没有有效地开发出北京798艺术区的品牌效益和经济价值，缺乏其他有效创收渠道。需要警惕的是，当前很多园区运营者都以房屋买卖或者租售为目的，不考虑园区长久利益以及打造品牌的持久效应。园区内可以有适当的房地产作为配套设施，如住宅配套设施、商业配套设施等，但不能将之作为主业去经营。房地产盈利资金可作为园区运营的现金流以及启动资金使用，但是一定要区分文化产业的收入方式与地产收入方式。坡州 Heyri 艺术村的盈利模式，租金只是其收入的一小部分，更多的是通过举办大型活动所引来的人流在其他产业方面的消费以及艺术品交易、艺术培训等途径来实现。

最后，园区要提高自己的品位与内涵，将核心内在的东西精心包装后输出，就像打造奢侈品牌一样，为园区编织出文化故事，让尚未入驻的企业以及百姓有欲望去一探究竟，从自己宣传转为品牌传播和口碑营销，成为不在旅游景点中的景点，创造出更多的盈利空间。

三 利益共生系统

文化产业园区的可持续发展需要处理好政府、园区运营商、入驻企业及创意者之间的关系，其核心就在于建立利益共生系统，即为实现园区长久稳定运营，当地政府、园区运营商和入驻企业的利益要保持一致。

首先，必须由政府组织各方做好园区发展的顶层设计。在规划过程中，一定要充分考虑未来各方的权责利。同时，要将政府发展文化产业园区的优惠政策与有需求的文化企业及创意者进行无缝对接，保障优惠政策落到实处，在发展前期就逐步建立园区协调发展、和谐共存的联盟关系。

其次，作为园区方，要对入驻企业设置门槛，与产业链有关的企业方可入驻，而与产业链无关的企业则不能通融，以此避免同质化企业过多。同时，园区应帮助入驻企业成长。由于文化创意型企业以小微型企业居多，其生存与赢利能力较弱，园区应以企业为主体，帮助入驻企业发展，保证其利益，让每一个企业都成为产业链上的关键环节，从而成为利益共同体。

最后，其利益共生还表现在要处理好商业利益与文化效益的统一。

2015年9月中共中央办公厅、国务院办公厅印发《关于推动国有文化企业把社会效益放在首位、实现社会效益和经济效益相统一的指导意见》，这也为文化产业园区相关方提出了要求。一方面，要着力提高园区规模化、集约化、专业化水平，转变发展方式，提质增效升级，不断提升经济效益；另一方面，也要正确履行社会文化责任，努力创作生产更多传播当代中国价值观念、体现中华文化精神、弘扬中华优秀传统文化、反映中国人民奋斗追求的优秀文化产品。

第二节　文化产业园区可持续发展的趋势

　　文化产业园区是文化产业发展的有效载体。"十三五"期间，随着国家文化体制改革和文化产业的进一步发展，文化产业园区还将继续发挥重大作用，国家也将有效地推动文化产业成为国民经济的支柱性产业。因此，文化产业园区的建设需要紧紧依托文化产业发展的大趋势，紧抓国家产业结构调整、新型城镇化、特色文化产业带建设等历史机遇，理清概念，优化发展格局，创新文化体制，关注生命周期的发展质量，实现自身的可持续发展，成为城市文化经济发展的重要推动力量。

一　强化文化内涵

　　文化产业园区是文化产业聚集的物质场所，在园区内容易形成产业链，推动文化经济的发展，同时它还是一个城市的文化符号，唤醒城市的情感欲望和人文氛围。文化产业园区的空间聚集对于强化城市外在吸引力，重塑城市形象，增加城市的文化含量，优化城市公共空间结构具有重要的作用。因此，文化产业园区的建设必须注重其文化内涵，使其成为点燃城市文化激情的重要催化剂。

　　以伦敦泰晤士河畔泰特现代美术馆为例。它以废弃的发电厂厂房为基础，通过创意改造和文化重塑，不但实现了废弃厂房的价值重生，更使其成为伦敦重要的旅游景点和文化地标。譬如：其结构的改造极大地提升了自身的观赏价值和文化气息。改造后的美术馆，外观几乎保留原貌，原来高耸入云的大烟囱成为它的外部标志，同时，设计家们在屋顶上扩建一个两层楼的玻璃盒子。在夜间这个玻璃盒子就像一根"光梁","光梁"是一个长152米、高2层的通体玻璃盒子,其功能除为屋顶展厅提供自然采光外,还为参观者提供餐饮、会议等服务。人们在这里边喝咖啡边俯瞰伦敦城,欣赏泰晤士河美景,其既是伦敦的美术殿堂,又是不可多得的旅游场所。这个矩形体四面由大面积平板玻璃围合而成,构造精致,表面平滑,玻璃立方体的简洁纯净与原有建筑的砖石肌理形成强烈的对比,给美术馆建筑带来独特的表现力。因为其由瑞士政府出资建造,所以命名为"瑞士之光"。目前,泰特现代美术馆已成为全球最负盛名的当代艺术的"秀场",每年吸引400多万人前来参观。

由此可见,在园区硬件建设的同时,需要注重软件氛围的营造。加入创意,凸显文化特性与内涵,将会有效地提升园区的发展速度和品牌效应。当前,我国许多园区的发展缺乏这种理念,对园区的软性力量缺乏认识或是重视不够。"十三五"期间,园区的建设,必须撇清"硬件决定论"的园区建设模式,注重创意,注重文化娱乐因素,注重为城市提供文化空间,实现园区健康发展,实现园区、城市与人的和谐发展。

二 坚持融合发展

文化产业实质上是融合性的产业经济形态,这一特性使得以往传统的管理体制难以适应现今发展的要求。这就需要在整体的管理体制机制上积极进行创新探索,进一步强化融合发展的理念,实现文化产业发展的转型升级。

2014年4月,《国务院关于推进文化创意和设计服务与相关产业融合发展的若干意见》正式印发。该文件的核心就在于推动"融合发展",这已经成为文化产业发展的主旋律。

文化产业内部,文化与科技融合不断创新文化业态,催生出不少新的文化消费热点。文化产业外部,文化产业积极主动地融入实体经济中,推动传统产业的升级换代。跨界融合、跨业融合、跨域融合正以波澜壮阔之势沟通着各行各业。因此,文化产业园区的可持续发展也应该关注这一发展态势。以融合为主要手段,充分利用产业园区发展的各种积极因素,采取各种措施应对负面因素的影响,推动文化产业园区的可持续发展。

一方面是通过文化与科技融合提升文化产业园区的发展水平。当前，科技创新已成为文化产业发展的新引擎，运用高新技术特别是信息技术能够有效地改造传统文化产业，创新文化生产方式，并不断催生出文化与科技融合的新业态，如广电数字化网络化、电子商务、3D 技术以及虚拟技术与文化融合形成的新展示模式等都极大地丰富了文化产品和服务的形式，有利于文化内容的广泛传播，为消费者提供更加多样的、视听效果更加丰富的文化产品和文化服务，同时也能取得极大的经济价值。对于园区这一经济载体而言，不论是在产业孵化还是园区建设方面，加大科技含量和信息技术的运用都是未来发展的重要趋势和实现规模经济的必由之路。

首先，当前的经济发展形势需要园区科技化。从全局来看，保护生态环境和节能减排的浪潮要求提高园区效益。以低碳经济、绿色产业、生态社会为导向，全球贸易结构调整和投资导向正在发生一次历史性的大转移。文化产业园区建设必须向科技含量高、智慧含量高、经济效益高、社会效益好的方向转化，大量消耗土地和资源、效率低下的文化产业园区模式将面临淘汰。因此，必须注重文化产业的科技含量，将资源密集型和人力密集型的产业模式向创意密集型和科技密集型发展方式转变，逐步提升园区、产业、产品的科技附加值。

其次，园区运营上要注重实用数字技术，通过实体管理与管理网络相结合，提升管理效率，优化日常服务。通过打造园区的数字平台，集约资源，将产品的信息发布、营销、财务管理、园区服务等功能逐渐实现网络化和数字化，打造数字化的文化产业园区，实现"以实体载体为基础，以虚拟网络为辐射，以经济流量集聚为亮点"的发展新模式。

最后，对于文化资源的开发与保护也应加大科技的参与力度，将传统的文化展示方式向着感知、更集约、多节能、智能化的方向发展。以巴黎地下水道博物馆为例，其通过改造有效地实现了技术与创意的完美结合，特别是利用高新技术保持下水道的清洁，照明技术、数字展示、数据库建设都有章有法，将一个排水系统的技术发展史完整地呈现出来。这不是一个简单的科普博物馆，它传递给观众的是一部深沉的社会发展史和城建、排污技术史。

另一方面，经济新常态下文化融合性逐步加强。文化产业以其附加值高、低能耗、高渗透性的特征正在有效地联通国民经济的各个领域。"十三五"期间,文化创意与设计和其他产业的融合将全面地推动产业结构的调整,逐步形成传媒业、娱乐业、旅游业、农业、会展业与制造业、电信业、交通业、房地产业等相互融合、相互渗透的新格局。通过交叉融合将会出现更多更新的文化项目和文化商业形式。

譬如,文化形态与传统的工业遗存的融合发展。以德国德意志煤矿博物馆为例。1930年在波鸿(Bochum)建立的德国矿业博物馆(Deutsches Bergbau Museum)是同类博物馆中最重要的也是世界上最著名的矿冶历史研究所。立足于博物馆的各种藏品,研究所致力于煤矿挖掘史、煤炭产业发展等研究,主要研究项目包括煤矿与冶金技术的发展史与技术,煤矿及冶金过程中文化遗产的记录、保护与保存。立足于本地丰富的煤矿资源和文化依存,研究煤矿发展史,不能不说具有较大的实战性和便捷性,特别是在煤矿文化遗产保护上具备了较强的实践性。同时,该博物馆没有简单地停留在观赏的阶段,而是积极地运用展览资源和丰富的科研力量,将自身打造成为一个天然的煤矿知识的培训和科普基地。其经常会对外开展各种知识普及活动,积极地对外宣传煤矿冶金史及其技术的发展状况。

再如,2013年5月开园的深圳盐田国际创意港就是其中一个典型案例。创意港成立之初就以"文化+电商""学院+园区"融合为发展定位,开创了全国首个"文化创意+电子商务+工业设计教育培训"三位一体的发展模式。[①]

三 创新产业要素

文化产业园区的发展离不开产业要素的创新,只有实现了文化资源、人才、市场等产业资源的合理优化配置,才能保持园区的核心竞争力。

首先,人才是文化产业创新发展的首要因素,要加强创新人才的使用。文化产业有极强的名人效应和名企效应,知名文化创意人才的引进,会带动整个园区档次的提高和产业结构的调整。美国芝加哥大学教授、著

---

① 《文化产业园区现融合发展趋势》,http://culture.people.com.cn/n/2014/1122/c172318-26072131.html,2014年11月24日。

名经济学家舒尔茨在《人力资本——一个经济学观点》一文中提出了著名的人力资本理论。他认为人力资本对于经济增长的贡献比物质资本更为重要，以智力资本为主的文化产业更是如此，其创意活动体现了人的知识、智慧和创造力的发挥与运用，因而属于典型的人力资本形式。[①] 人才是创意产业最重要的资本，因此要加强创意人才的引进和培养。

其次，树立"宣传也是生产力"的观念。将品牌建设作为新兴产业要素纳入创新工作中，积极提升文化产业园区的影响力和社会知名度。要加大对文化产业园区的宣传力度，把文化产业放到促进经济结构转型、增加就业机会、促进城市有机成长、提高市民生活品质的高度，推动有关部门和人群更新观念。要重视园区整体形象和重点企业的宣传策划和媒体推广，以提高文化产业园区和文化产业的知名度，让社会增强对文化产业的认识。要加强园区品牌规划，吸引更多的国内外知名企业、优秀人才和创意投资，要通过国际性的节展活动和合作项目，加强与国际一流文化产业园区的沟通与合作，提高园区知名度和美誉度。

最后，推进园区与金融的合作，强化金融在园区发展中的作用。其核心在于加强文化产业投融资服务功能平台建设。加强对版权评估、资金担保、版权交易、文化投融资咨询等服务功能平台建设，为园区企业投融资提供良好服务。

四 注重互动发展

文化产业园区的发展离不开区域的影响。文化产业园区要持续发展就必须不断地从园区外部汲取力量，推进园区内外的能量流动。因此，文化产业园区未来发展，企业驻地可以受四至限制，但是文化生产与消费却要进一步地融入当地文化经济系统，从而逐步地发挥出文化的影响力。在此意义上，文化产业园区的发展需要与城市互动，实现产城一体化。

第一，园区的文化发展需要与城市互动。文化产业园区发展一般经历了从文化产业开发区到文化产业园区，然后发展到城市文化创意街区，最

[①] 参见张胜冰《文化创意人才的地域集聚与环境要素的关系》，《福建论坛》（人文社会科学版）2011年第10期，第21页。

终发展为区域文化和创意城市的融合。面对当前的经济和社会发展形势，各个城市都亟须建立符合自己城市文化特色的文化产业园区，这既是文化产业发展的客观要求，也是城市市民生活的基本需求。因此，未来园区建设尤其要注重园区对城市文化的优化功能，要通过园区的文化设施、文化活动、文化产品来丰富和提升城市的文化品牌，将文化融入城市建设的每一个角落。另外，要从"文化发展"的角度重新认识园区的功能，按照"生产空间""生活空间""文化空间"的复合体来规划建设园区，综合考虑生产、生活和环境建设的关系，注重生产设施、生活设施、文化设施的配套，做好各种设施建设的区域平衡，通过"园区、街区、社区"的"三区互动"模式，将园区融入生活，融入城市建设，使之成为城市市民的休闲娱乐中心，游客的地方文化体验中心，城市产业升级的创意驱动中心。

第二，园区产业的发展需要与城市经济转型互动。当前，我国正面临着产业和城市双转型的重大历史任务，产业增长方式从资本驱动向创新驱动转型，城市经济结构从制造业为主向服务业为主转型，城市建设从无序和低效益开发向集约型、生态型发展转型。中国文化产业园区的新一轮发展，必须敏锐地把握住全球化的潮流，通过不断地升级转型，焕发创新的活力，并且为各区域政治、经济、文化、社会、生态的协调发展做出贡献。[1]

第三，园区发展需要与城市文化形象进行互动。文化产业园区的形成强化了城市空间的外在影响力和吸引力，可以更加生动地表达城市的特色形象。从空间形态看，文化产业园区既不是大规模的闭合区域，也不是高档商务楼，它表现出与传统产业空间截然不同的特点，即以独特的建筑外观形态和文化意蕴表达城市的个性与特质，对产业服务、基础设施、商业发展、文化传承等多重目标进行有机整合，使城市空间被赋予独特的文化意义，提升城市更新的文化含量，重塑城市空间的整体形象。因此，未来的文化产业园区的空间功能不仅仅体现在生产消费上，同时更应是城市文化品质的象征，通过文化空间的营造，打造城市的文

---

[1] 参见花建《建设文化产业园区"3.0"版》，《中国社会科学报》2014年7月7日。

化地标。

五 完善考评机制

当前,我国国家级的文化产业园区(基地、示范基地、试验区)已达214个,再加上各省、市、县的文化产业园区,则数量更为庞大。就发展程度而言,这些园区发展层次各异,差别较大。如前所述,大致可以归为"文化区""文化集聚区""创意集聚区"三类。由于这三种类别的发展方式不同,园区发展的目标、主题、特性都将不同。

随着知识经济的发展,越来越多的文化产业园区从集聚企业、扩大规模、注重产能、注重产业增长速度的"1.0版",发展到打造平台、快速成长、注重效益、注重研发成果产业化的"2.0版",再进一步提升到跨界融合、协同创新、虚实结合、注重培育创新型企业,并且与全球化网络相结合的"3.0版",从整体上看,培养创新能力成为园区发展的核心功能。因此,园区文化创新力的效率和规模越来越成为考评园区建设的核心指标。[1]

然而迄今为止,国家并没有对这些园区的发展进行分门别类地指导,也没有出台具有针对性的考评体系。因此,当前出台的园区政策在很大程度上对不同发展阶段的园区进行了统一的政策界定与管理。"一刀切"是"十二五"期间园区政策制定与考评中存在的首要问题。在我国,文化产业发展具有极强的政府主导性,文化产业园区发展也不例外。只有从管理源头上对文化产业园区的概念和考评体系进行实事求是的梳理和制定,才能保证在园区实际发展中实现更大的效益。

当前,国际上特别是澳大利亚的学者对文化产业园区的概念与分类做了许多深入的研究。综合而言,其对文化产业园区的考评大体分为三个方面:文化、经济、社会。文化方面主要考评其对文化资源等的利用与开发;经济方面着眼于其创造的经济价值和创造的工作岗位;社会方面则注重于其在社区建设、人文环境营造、公共空间建设等方面的效益。通过衡量标准这一指挥棒有效地对文化产业园区的建设进行了政策性引导,使之

---

[1] 参见花建《建设文化产业园区"3.0"版》,《中国社会科学报》2014年7月7日。

成为一个社会生命体，而不仅是一个单纯的经济体。

尽管这种评价体系还不完善，但是从宏观上给予我们新的启示，文化产业园区的评价不能"唯GDP论"，应该树立长效的全面的科学的评价观，推动园区建设可持续发展。

文化产业园区建设和发展是提升城市文化竞争力的一项重要战略，应发挥园区在城市文化发展中所具有的不可替代的作用。在园区发展中，积极推进园区与社区、街区、校区融合，建立园区间、园区内外企业间、园区与城市间的互通合作机制，整合各类资源共建共享公共服务平台，积极探索市区合作开发的创新模式。注重将文化创意与挖掘城市文化底蕴相结合，整合文化产业园区与生活社区的功能，营造创意创新的城市文化氛围，激发文化产业提升全局的整体带动效应。[①]

总　结

本章通过文化产业可持续发展保障机制的研究，明确提出针对文化产业园区生命周期不同阶段的不同特性，应出台具有针对性的文化政策加以引导和扶持。同时，要进一步扭转园区的"租金盈利模式"，广泛探索文化产业园区的商业模式，充分实现园区盈利渠道的多样化：第一，对内能为园内文化企业集聚化发展提供助力；第二，对外能够作为一个独立的市场开展相关运营活动；第三，要进一步强化园区的利益共生系统。园区不是房东与租户交易的场所，而是各方优势资源互补共赢的交流平台。这三点将是未来园区发展必须解决的问题。

同时，针对新时期文化产业发展的新形势，为文化产业园区的可持续发展进行以下预判：未来的文化产业园区，一定是融合发展、要素创新、内外互动、监管有力的新型文化组织。在"十三五"时期，文化产业园区发展，需要紧抓文化产业发展的趋势，更好地保持和提升自身的核心竞争力和创新能力。

---

① 参见刘泓《文化产业园区发展该如何推进？》，《福建日报》2015年1月14日，第10版。

结　论

本书以文化产业园区（集群）的生命周期为切入点，通过案例研究全面探讨中国文化产业园区（集群）的优化策略，对中国文化产业园区（集群）的可持续发展提出建议。

首先，通过对文化产业园区、文化产业生命周期、文化产业园区的生命周期进行理论探讨，提出文化产业园区生命周期发展的五个阶段：形成阶段、发展阶段、成熟阶段、停滞阶段、衰蜕阶段。通过对各个生命阶段产业、空间和驱动力的探讨，提出进入停滞期后衰蜕阶段的各种可能性：衰落、蜕变和创新循环发展。

在此理论框架下，本书分别对北京798艺术区和坡州Heyri艺术村这两个著名的文化产业园区进行生命周期的研究和判断。在十余年的时间内，北京798艺术区从形成、发展、成熟阶段进入停滞阶段。在停滞阶段，北京798艺术区目前尚没有看到得力的发展措施。本书针对文化产业园区的生命曲线，提出了北京798艺术区未来发展的路径建议：通过外部创新力的强劲介入，实现创新循环，从发展阶段重新开始新一轮的艺术与商业的双螺旋发展，重塑中国现代美术的国际形象，打造双效合一的艺术特色鲜明的新型文化产业园区。前后同期时间内，坡州Heyri艺术村历经了从无到有的过程，逐步进入了稳定的"发展期"，在产业、空间、入住人群等方面都达到了综合平衡，发展潜力巨大。

通过对相似发展年限、艺术产业特色明显的两个园区的对比研究，得出坡州Heyri艺术村之所以发展稳定的原因和北京798艺术区迅速走过成熟阶段进入停滞阶段的缺失所在。一正一负的对比，描摹出了两条不同发展曲线的发展轨迹，同时也彰显了不同轨迹后的发展因素。

同时，全面介入文化产业园区的生命发展阶段，依托各个阶段的不同特性，提炼出了具有普遍意义的文化产业园区的优化策略，即从规划优化、产业优化、空间优化、管理优化、服务优化和功能优化六个方面优化策略，助力解决当前文化产业园区发展"生命周期短""生命质量不高"的问题，大力推动文化产业园区的升级优化。

为了保证这些优化策略的实施和实现，本书还就文化产业园区的可持续发展提出了保障机制——强化文化政策的针对性，积极探索商业模式和利益共生系统的建立，将"融合、创新、互动、空间、考评"等因素纳入园区发展的全过程，实现园区优化升级后的可持续发展。

附件：园区产业化转型的国际路径

园区的发展，如同生命体一样，有形成、生长、发展、成熟和衰落五个阶段。文化产业以其独特的渗透性和高附加值性为其他产业形态的转型升级提供了广阔的发展空间，使工业园区在文化创意的催化下，实现产业的完美转型，废旧的厂区重新焕发出新的文化魅力，实现园区的第二次创新性成长。

从前文中园区生命周期的发展态势图可以看出：创新循环是文化产业视域下催生传统产业园区发展的重要发展趋势。利用创意因素，将昔日破旧的仓库转化为新的文化创意空间，凸现工业遗产"改造性利用"后"艺术孵化美感，创意孕育生机"的"循环发展"特质。这些创意性改造不但最大限度地利用了工业遗产原有的建筑空间，同时为城市的营造和产业的发展提供了重要的动力。

创新循环一：设计型转化

泰特现代美术馆在改建以前，曾是泰晤士河南岸一座已经废弃的火力发电厂。沉寂多年之后，这座过了时的发电厂却成为泰特美术馆建立新馆的最佳选择，因为它具备了许多特点：尺度巨大的建筑体、极为独特的外观、与圣保罗大教堂隔河相望、地点绝佳等，这座废弃的发电厂以博览建筑的形式获得新生，设计师雅克·赫尔佐格和皮埃尔·德·梅隆出色地完成了将其由工业建筑向博览建筑的角色转换任务。在这种转化过程中，这座发电厂成功地演化为一个艺术产业集聚的新形态，其核心经验在于"设计+"，通过创意设计，将建筑空间进行重新利用，为产业的创新布局提供了多元选择，为其他老工业厂房向文化产业园区的升级转化提供了新的可能性。

1. 设计理念独特

作为世界知名的设计师，泰特现代美术馆的设计师雅克·赫尔佐格和皮埃尔·德·梅隆不像其他建筑师那样"通过碎化、抹去原发电厂工业建筑的形象特征来强调自我设计的概念，而是尊重原有建筑的历史，对旧有的反而加强突出了这座工业建筑的体量感，并将其推向极致"。他们完好地保存大烟囱，通过装饰修复使其成为与圣保罗大教堂相呼应的泰晤士河岸边的标志性建筑。

2. 空间利用的最大化

发电厂的改造，最大亮点在于因地制宜，充分利用了内部空间。通过加建、分区、隔断等多种方式，进行空间布局，将内部空间的利用最大化。特别是对涡轮空间的改建，使其成为绝佳的大型展览场所。

3. 个性化的服务

改建后的泰特现代美术馆在运营上细化服务，在免费为旅客提供艺术享受外，也通过各种个性化服务提高自身的利润。泰特现代美术馆的主要收入包括社会捐赠、会员会费及大型商业会展所得。特别是对于缴费的会员和捐赠者提供了很多会展服务，譬如开放光梁上的空间供其休憩和游览，对其开放某些珍贵的展厅等。

4. 以艺术求资金

泰特现代美术馆运营的另一值得借鉴之处就是其以艺术求资金的运营模式。譬如光梁的设计，其美观大方实用，也具有较强的旅游价值。这一艺术性改造得到了瑞士政府的资助，从而解决了很大一部分的改建资金。这也是其他旧厂房改建时可以借鉴之处。通过艺术化的设计去争取大型企业或者政府的投资和捐助。

创新循环二：科技型转化

巴黎下水道博物馆是法国独特艺术和文化的混合体，是现代巴黎的有机组成部分。下水道的规模远比巴黎地铁浩大，不仅没有"脏、乱、差"的影子，在这里，人们可以领略到一个完全不同却又能与巴黎美丽市景相媲美的全新的、充满艺术与文化的世界。

1. 技术与创意的完美结合

下水道在城市中被认为是最脏的地方，很少有人会想到可以把它开辟出来作为科普的博物馆向世人介绍城市排污系统和排污技术的发展。但是巴黎做到了：一方面是和城市建设历史有关，另一方面是运用了超人的创意。改造后的下水道整洁、明亮，将一个完善的排水系统和技术发展史完整地呈现出来。特别是其内的技术改造更是值得后人学习。第一，下水道内的各种管线有机地整合在一起，完全看不出人工刻意的改造痕迹。第二，利用高新技术保持下水道里的清洁，照明技术、数字展示、数据库建设都有板有眼。

2. 文化性改造

展览不仅有科普知识介绍，还通过文字、图片、实物、实景进行全方位的展示。尤其是将下水道的发展史与重大社会事件文学名著相联系，在坑道中感受到的是浓浓的人文气氛。这不是一个简单的科普博物馆，它传递给观众的是一部深沉的社会发展史和城建排污技术史。

3. 品牌宣传策略得当

巴黎下水道博物馆已经被开辟成巴黎一个地标性的旅游景点。政府有计划地向外推介。第一，积极进行政府公关，巴黎政府曾多次邀请外国元首参观，提高其知名度。第二，与当地旅行社进行友好合作，通过导游向来自全世界的游客进行推广宣传。第三，利用其本身的文化历史背景进行品牌营销。特别是通过《悲惨世界》的巨大文学魅力、巴黎大革命等事件的历史价值向世人展示地下水管道在历史上的重大作用，增加其吸引力。旧厂房历史悠久，必然经历了很多值得纪念的历史事件，如何挖掘这部分文化价值提升自身影响力，是每一个旧厂房改造中必须思考的问题。

创新循环三：文化型转化

1930年在波鸿建立的德国矿业博物馆是同类博物馆中最重要的也是世界上最著名的矿冶历史研究所。由矿井和地面设施改造而来的坑道博物馆和展览馆形象地展现了整个鲁尔区矿工的工作与生活情况。

1. 将自身打造成为产业历史的节点

经过全方位的改造与开发，该博物馆将自身打造成为德国煤炭业特别是鲁尔区发展的一个历史节点、一个缩影，向外界传递出这样一个信号：要了解鲁尔区乃至德国的煤炭业，就不能不到此参观。通过地上地下各种展示，全方位地向世人展现了煤炭冶金业的发展状况。它的成功，不仅仅是实物的展示和科普知识的传递，它更多是成为当地乃至德国民众记忆和生命的一部分，记载了德国历史发展的重要一段。因此，旧有厂房的改建，不仅仅要注重其功能的提升，更要注重其历史价值的开发，注重其人文财富的挖掘。

2. 立足于实地，开展科学研究，成为产业研究重镇

该博物馆由实际的煤矿改造而成，保留了巨大的实物资源和矿产样本，奠定了开展科研的重要基础。经过多年的发展，该博物馆已经成为世界上最著名的矿冶历史研究所。在煤矿中研究煤矿发展史，不能不说具有较大的实战性和便捷性，特别是在煤矿文化遗产保护上具备了较强的实践性。

3. 科普培训基地的开发利用

该博物馆没有简单地停留在观赏的阶段，而是积极地运用展览资源和丰富的科研力量，将自身打造成为一个天然的煤矿知识的培训、科普基地。其经常会对外开展各种知识普及活动，积极地向外宣传煤矿冶金史及其技术的发展状况。

该博物馆给其他旧厂房改造的最大启示就是立足于自身资源，本体改造是一部分，更重要的是发挥其历史科研作用和现实科普作用，从而赢得自身的可持续发展。

三种不同的做法殊途同归：通过室内空间的充实置换、内部改造后按新功能使用、更新基础设施的手法，引入新的产业功能，推动原有产业升级为新的文化产业，有效地延长了其发展的生命周期，实现创新与保护的统一，为其他产业集群和园区的创新发展提供了新的思路。

参考文献

一 中文资料

1. 范周：《中国文化产业新思考Ⅱ》，光明日报出版社，2014。
2. 杜跃平等：《资源型产业集群的动力机制与生命周期研究》，中国经济出版社，2010。
3. 李兰冰：《基于生命周期的物流产业集群演进机制研究》，经济科学出版社，2008。
4. 〔德〕韦伯：《工业区位论》，李刚剑等译，商务印书馆，2010。
5. 周岚：《798艺术区的社会变迁》，中国轻工业出版社，2012。
6. 王缉慈：《超越集群——中国产业集群的理论探索》，科学出版社，2010。
7. 王齐国、张凌云：《文化产业园区》，山东大学出版社，2011。
8. 蒋三庚、张杰、王晓红：《文化创意产业集群研究》，首都经济贸易大学出版社，2010。
11. 向勇、刘静：《中国文化创意产业园区实践与观察》，红旗出版社，2012。
12. 史征：《文化产业园区发展研究——机理、评价、对策》，浙江工商大学出版社，2013。
13. 王发明：《创意产业集群化导论》，经济管理出版社，2011。
14. 杨畅：《产业园区转型发展战略研究》，格致出版社，2014。
15. 袁卫民：《园区规划理论与案例》，经济管理出版社，2013。
16. 李佐军：《中国园区转型发展报告》，社会科学文献出版社，2014。
17. 武常岐：《世界经典文化产业园区》，中国建筑工业出版社，2015。

18. 张胜冰：《文化产业与城市发展——文化产业对城市的作用及中国的发展模式》，北京大学出版社，2012。

19. 付韬、张永安：《产业集群生命周期理论探析》，《华东经济管理》2010 年第 6 期。

20. 李靖华、郭耀煌：《国外产业生命周期理论的演变》，《人文杂志》2001 年第 6 期。

21. 付晗、易旭明：《基于产品生命周期理论的音乐文化产业发展研究》，《江西社会科学》2009 年第 9 期。

22. 孙湘、朱静：《基于生命周期理论的产业集群可持续发展研究》，《科技管理研究》2010 年第 24 期。

23. 吕建黎：《基于生命周期理论的江苏医药产业集群竞争力分析》，《科技信息》2010 年第 15 期。

24. 张会恒：《论产业生命周期理论》，《财贸研究》2004 年第 6 期。

25. 郭晶：《生命周期视角下西安市文化产业区域集聚类型与机制研究》，陕西师范大学硕士学位论文，2013 年。

26. 张凌云：《文化产业园区有关理论问题重述》，《东岳论丛》2011 年第 8 期。

27. 田秋生：《产业园区建设应注意的几个问题》，《深圳大学学报》（人文社会科学版）2013 年第 3 期。

28. 蒋慧、王慧：《城市创意产业园的规划建设及运作机制探讨》，《城市发展研究》2008 年第 2 期。

29. 何其聪：《传媒产业园区的发展与面临的问题——以中国北京星光电视节目制作基地为例》，《青年记者》2013 年第 4 期。

30. 陈少峰：《从策划视角提升文化产业园区运营模式》，《中国国情国力》2013 年 3 月。

31. 胡慧源、高莉莉：《反思文化产业集聚区：异质性及其政策选择》，《东岳论丛》2013 年第 4 期。

32. 唐承丽、周海兰、周国华、何胜、蒋志凌、唐凯、李霞：《湖南省级产业园区转型升级提质的顶层设计》，《经济地理》2013 年第 1 期。

33. 王坤、袁静：《基于知识生态系统的创意型企业和创意园区匹配问题研究》，《科技管理研究》2013 年第 1 期。

34. 吴冰：《浅谈差异化和规模经济视角下文化产业园区发展策略》，《四川文化产业职业学院（四川省干部函授学院）学报》2012 年第 3 期。

35. 江凌、倪洪怡：《上海文化产业园区管理：现状、问题与对策》，《福建论坛》（人文社会科学版）2013 年第 4 期。

36. 陈丽娜：《深圳文化产业集群发展的现状、形成动因与模式研究》，《特区经济》2013 年第 8 期。

37. 胡惠林：《时间与空间文化经济学论纲》，《探索与争鸣》2013 年第 5 期。

38. 倪宁、王芳菲：《试论文化创意产业的概念及运营模式——基于世界成功文化创意产业园区运营经验的考察》，《南京理工大学学报》（社会科学版）2013 年第 4 期。

39. 张云飞、张晓欢：《试论我国文化产业园区建设的现状、问题与对策》，《中国市场》2013 年第 20 期。

40. 周建珊：《文化产业集群形成机理研究进展及启示》，《商业时代》2013 年第 12 期。

41. 赵东川：《文化产业园区"热"的冷思考——论文化价值的创造、重塑与产业发展》，《社会科学战线》2013 年第 7 期。

42. 赵渊：《文化产业园区：政策供给与治理结构创新》，《经济论坛》2011 年第 11 期。

43. 占绍文、辛武超：《文化产业园区的界定与评价指标体系研究》，《天府新论》2013 年第 1 期。

44. 李兰：《文化产业园区建设：一个文献综述》，《改革》2010 年第 9 期。

45. 樊盛春、王伟年：《文化产业园区理论问题探讨》，《企业经济》2008 年第 10 期。

46. 向勇、陈娴颖：《文化产业园区理想模型与"曲江模式"分析》，《东岳论丛》2010 年第 12 期。

47. 毕秋灵、黄森：《文化产业园区如何可持续运营》，《新闻前哨》

2011 年第 10 期。

48. 张凌云：《文化产业园区有关理论问题重述》，《东岳论丛》2011 年第 8 期。

49. 刘金祥：《我国城市文化产业园区发展现状及对策》，《中共天津市委党校学报》2011 年第 6 期。

50. 齐骥：《我国文化产业集群发展的障碍与路径》，《中华文化论坛》2013 年第 8 期。

51. 李兰：《我国文化产业园区发展路径的思考》，《前沿》2011 年第 24 期。

52. 郭全中：《我国文化产业园区研究》，《新闻界》2012 年第 18 期。

53. 王旌璇、喻学才：《我国文化产业园研究综述》，《建筑与文化》2012 年第 5 期。

54. 王天铮：《中国文化产业园区存在的问题及对策》，《当代经济》2011 年第 4 期。

55. 范周：《中国文化产业园区现状及问题分析——以国家级文化产业园区为例》，《文化月刊》2010 年第 5 期。

56. 岳瀚：《中国自发性文化园区同规划性文化园区的"博弈"》，《现代经济信息》2013 年第 18 期。

57. 谢晓英：《"旧厂房"型文化创意产业园区品牌形象建设》，《经营与管理》2014 年第 12 期。

58. 郭阳：《产业园区建设模式选择与规划特质》，《北京规划建设》2014 年第 1 期。

59. 徐明亮：《城市文化创意产业集聚区发展的个案研究》，《经济研究导刊》2014 年第 10 期。

60. 詹小秀、简博秀：《城市文化创意园区研究——以台北华山 1914 文化创意园区为例》，《上海城市研究》2013 年第 6 期。

61. 张仁汉、王莹：《创意产业集群发展中的政府行为研究》，《浙江社会科学》2014 年第 5 期。

62. 郭锴：《从生态文明视角谈文化产业园区发展路径创新》，《环境保护与循环经济》2014 年第 11 期。

63. 王明珠、吴瑾、沈亮：《打造文化产业园区升级版》，《群众》2014年第1期。

64. 张祖林：《基于波特集群理论的创意产业园区发展路径探析》，《上海管理科学》2008年第1期。

65. 杨斌、邓雅芯：《基于知识转移的文化创意产业园培育路径研究》，《西南民族大学学报》（人文社科版）2013年12期。

66. 张立波：《建立文化产业园区的"发展"与"商业"模式》，《文化月刊》（下旬刊）2013年第9期。

67. 李嗣茉：《剖析文化产业园区发展过热带来的问题与隐患》，《科技信息》2012年第34期。

68. 王双阳：《浅析文化产业园的绩效评估体系》，《企业改革与管理》2014年12期。

69. 张云飞、张晓欢：《试论我国文化产业园区建设的现状、问题与对策》，《中国市场》2013年第20期。

70. 赵岳峻：《试论我国文化创意产业园发展存在的问题》，《大众文艺》2012年第21期。

71. 李杨、邵长斌：《台湾文化创意园区发展及其对大陆的启示》，《山东社会科学》2014年第11期。

72. 胡惠林：《文化产业可持续发展的关键——文化产业发展与人、社会和自然的精神关系协调统一论》，《中共浙江省委党校学报》2015年第1期。

73. 臧志彭：《文化产业示范园区基地绩效评估与管理机制构建研究》，《管理现代化》2013年第6期。

74. 李蕊：《文化产业园发展模式及园区建设中的政府角色定位》，《商业时代》2014年第34期。

75. 李飒：《文化产业园风险管理体系研究》，《管理现代化》2014年第1期。

76. 徐文燕、周佩：《文化产业园区的集聚效应与全产业链发展模式分析》，《南京财经大学学报》2012年第5期。

77. 刘锡宾：《文化产业园区发展应遵循三结合原则》，《浙江经济》

2013 年第 23 期。

78. 宋建明：《文化产业园区建设与发展需要的五种要素》，《中原文化研究》2014 年第 3 期。

79. 庞琳、白淑军、张园：《文化产业园区空间景观设计研究》，《城市建筑》2014 年第 4 期。

80. 陈少峰：《文化产业园区有名更需有实》，《时事报告》2014 年第 5 期。

81. 王庆金、侯英津：《文化创意产业集聚演化路径及发展策略》，《财经问题研究》2015 年第 2 期。

82. 程金亮：《文化创意产业协同》，《当代经济》2014 年第 23 期。

83. 闫云霄：《文化创意产业园的世界经验与中国境遇》，《新闻界》2013 年第 23 期。

84. 朱方建、丁山、王维：《文化创意产业园区的建设及发展路径》，《新闻前哨》2014 年第 10 期。

85. 曹玉敏：《文化创意产业园区品牌体系构建路径的探索》，《现代经济信息》2014 年第 14 期。

86. 孙清岩：《我国创意产业园发展模式及策略研究》，《经济师》2014 年第 10 期。

87. 王裙：《论"簇群经济"的阶段性演进》，《学术研究》2002 年第 7 期。

88. 秦夏明，董沛武，李汉铃：《产业集群形态演化阶段探讨明》，《中国软科学》2004 年第 12 期。

89. 池仁勇等：《产业集群发展阶段理论研究》，《软科学》2005 年第 5 期。

90. 潘慧明：《基于可持续发展的产业集群生命周期研究》，《武汉科技学院学报》2006 年第 2 期。

91. 赵海东、吴晓军：《产业集群的阶段性演进》，《理论界》2006 年第 6 期。

92. 毛磊：《基于生命周期理论的文化创意产业集群演化分析》，《科技管理研究》2010 年第 20 期。

93. 冯年华：《产业集群可持续发展过程与动力分析》，《南京晓庄学院学报》2007 年第 1 期。

94. 李颖：《产业集群可持续发展的制度因素分析》，《云南社会科学》2011 年第 2 期。

二　英文资料

1. David Hesmondhalgh：The Cultural Industries，SAGE Publications Ltd，2012.

2. Scott Warren Fitzgerald，Corporations and Cultural Industries：Time Warner，Bertelsmann，and News Corporation（Critical Media Studies），Lexington Books，2011.

3. Swann GM. P，Prevezer，M. and stout，D，The dynamic of industry clustering：Intermational comparisons In computing and biotechnology，Oxford Universit Press. 1998. .

4. Gertler M. S，Creative Cities：What are they for，how do they work，and how do we build them ［EB/OL］，http：//www. cprn. com/documents/31348_ en.

5. Eisingerich A，Falck O，Heblich S，Kretschmer T. Cluster Innovation A long the Industry Life Cycle，Jena Economia Research Papers，Working Papers 2008.

6. Pouder，R and St. Jonn，（1996，caronH，Hot spot and blind spots：geographical cluster of firms and innovation，Aeademy of Management Review，Vol. 21 Issue 4.

7. MichaelE. Porter，Clusters and New Economies of Competition，Harvard Business Review，1998.

8. Maggioni M A. The Rise and Fall of Industrial Clusters，Technology and the Life Cycle of Region ［R］. Instituted Economia de Barcelona（IEB）. Working Paper 2004.

图表附录

图1-1　全国各省市文化产业园区数目一览

图1-2　本书研究机理

表2-1　产业集群生命周期的阶段划分

图2-1　相关国家文化产业贡献率

表2-2　不同生命阶段文化产业园区（集群）产业特征

表2-3　不同生命阶段文化产业园区（集群）空间特征

表2-4　不同生命阶段文化产业园区（集群）驱动力特征

图2-2　文化产业园区生命周期发展曲线

表3-1　北京798艺术区发展阶段一览

图3-1　2001~2005年全国艺术品市场交易额

表3-2　北京798艺术区历届艺术节一览

图3-2　北京798艺术区知名艺术家数量变化

表3-3　2010年北京798艺术区业态一览

图3-3　2000~2012年中国艺术品市场拍卖成交额

图3-4　房租上涨对区内机构的影响

图3-5　历届北京798艺术节游客参观量

表4-1　坡州Heyri艺术村文化设施

表4-2　坡州Heyri艺术村空间分区

图4-1　坡州Heyri艺术村文化产业结构

表4-3　部分入驻坡州Heyri艺术村的工作室

表4-4　坡州Heyri艺术村入驻的知名画廊

表4-5　坡州Heyri艺术村的代表性博物馆

表4-6　坡州 Heyri 艺术村生命周期

表5-1　2003~2013 年北京 798 艺术区主要产业成分变动数据

图5-1　旅游对北京 798 艺术区的影响

表6-1　德必公司产业服务一览

后　记

通过近两年的孜孜以求和辛勤探索，本课题从选题、研究到完成终稿，几经波折，现在终于把它完成了，有了一种如释重负的感觉。看着书稿的目录，一章一章，一节一节，该课题的研究生活如同放电影一般呈现在眼前。想起搜集资料时候的四处奔波，想起写作时候的抓耳挠腮，想起案例对比时的执着与惊喜……

在研究中，个人拜访了多位资深专家，他们的意见和建议是这本书成稿的重要动力。

感谢我的导师范周教授。范老师对学术的要求极其严格，从本书的选题、结构的修改完善，资料的收集、文章的写作及最后定稿都倾注了范老师大量的心血。在研究中，范老师创造了大量的机会让我去学习，去感悟，去实践。感谢中国传媒大学的张春河教授，中国社会科学院的贾旭东教授、张晓明教授，国家行政学院的祁述裕教授对我的指导。他们从生命周期理论、园区经济效益与社会效益、园区的商业模式、园区产业链与空间等方面都提出了有参考价值的意见和建议，帮助我完善了研究思路。

感谢陈娴颖博士、赵书波博士、朱敏博士、靳斌博士对我的鼓励和帮助，他们以自身的学术体会和经验为本书的写作提供了许多有益的思路。同时，也感谢中国传媒大学文化发展研究院的其他同事、同学们，日常的学术交流为我的写作提供了许多学术线索。

感谢我的父母和弟弟，他们永远是我的精神支柱和前进的动力。感谢我的妻子，正是因为有了她的理解和无私奉献，我才能无后顾之忧，忙于工作与学习，并最终顺利地完成本书。感谢我儿子，他为我的生活增添了无穷的快乐,在哄他睡觉的时间里完成了不少章节的构思。

同时,社会科学文献出版社的周琼女士为本书的出版付出了辛勤的劳动。她认真负责的工作态度和专业的编辑能力有力地推动了本书的出版工作,在此表示深深的感谢。

这本书集聚了众多恩师、学友和亲人的期待,我唯有不断努力才能回报他们对我的关心和支持。

杨剑飞于北京大方居

2015 年 12 月 15 日

图书在版编目（CIP）数据

文化产业园区生命周期研究：基于中韩园区的对比／杨剑飞著. -- 北京：社会科学文献出版社，2016.5
（文化发展学术文丛）
ISBN 978-7-5097-9023-6

Ⅰ.①文… Ⅱ.①杨… Ⅲ.①文化产业-对比研究-中国、韩国 Ⅳ.①G124②G131.264

中国版本图书馆 CIP 数据核字（2016）第 075318 号

·文化发展学术文丛·
文化产业园区生命周期研究
——基于中韩园区的对比

著　　者／杨剑飞

出 版 人／谢寿光
项目统筹／王　绯　周　琼
责任编辑／孙丽华　周　琼

出　　版／社会科学文献出版社·社会政法分社（010）59367156
　　　　　地址：北京市北三环中路甲29号院华龙大厦　邮编：100029
　　　　　网址：www.ssap.com.cn
发　　行／市场营销中心（010）59367081　59367018
印　　装／三河市东方印刷有限公司

规　　格／开　本：787mm×1092mm　1/16
　　　　　印　张：10.75　字　数：170千字
版　　次／2016年5月第1版　2016年5月第1次印刷
书　　号／ISBN 978-7-5097-9023-6
定　　价／55.00元

本书如有印装质量问题，请与读者服务中心（010-59367028）联系

版权所有 翻印必究